AF219393

Inhalt:

Eine Schauspielerin will endlich heraus aus dem teuren und lauten Manhattan und besichtigt eine günstige und abgeschiedene Loftwohnung fern der Stadt an einem außergewöhnlichen Ort – direkt unter einem Staudamm. Hier lebt seit geraumer Zeit bereits der jüdische Schneider Nathanael, der jährlich zum Jom Kippur eigenwillige Gäste zu sich einlädt und sich Eindringenden erwehren muss. Als eine vorhersehbare Katastrophe über ihnen einsetzt, setzt sich diese unter ihnen fort.

Abgebildeter Schauspieler:
Vorderseite – Nikolai Hepp

Hauke Lidschreiber

KOSCHERE KUSCHELTIERE

Tragische Komödie

Bibliografische Information der Deutschen Nationalbibliothek: Die Deutsche Nationalbibliothek verzeichnet diese Publikation in der Deutschen Nationalbibliografie; detaillierte bibliografische Daten sind im Internet über http://dnb.dnb.de abrufbar.

© 2018 Hauke Lidschreiber

Herstellung und Verlag:
BoD – Books on Demand, Norderstedt.

ISBN: 9783752821567

Koschere Kuscheltiere

Tragische Komödie

Fünfter Akt

von Hauke Lidschreiber (Pseudonym)

Theaterstück in vierzehn Szenen mit unterstützenden Musikelementen und Filmeinsätzen

Dauer: ca. 110 Minuten

Berlin 2018

Rechte zur Aufführung, zur Veröffentlichung, Verbreitung auch in Auszügen und zu den Bildern liegen bei

shortvivant consulting GmbH

Nach Ableben des Autors und nach Auflösung des Unternehmens ist die Tantieme an tiergebenden Tierschutzorganisationen eigenverantwortlich und angemessen zu leisten.

Rollen (in der Reihenfolge des Auftritts):

Gero

Lea

Kenan

Trutz

Nathan

Nathanael

Vincent

1. Unbekannte Bewohner

(Ein sehr langgezogenes und schmales Loft, ein Steg durchzieht den Raum, viele Fenster in den grauen und unbearbeiteten Betonwänden ohne Blick ins Freie, ein Regal mit Paketen, viele gespannte Leinen mit Tüchern, diverse Kleider hängen von der Decke herab und an den Wänden, eine große Lampe leuchtet, oben ein Gang. Die Zuschauer sind sehr nah und mittendrin.)

(Musikeinsatz)

(Es ist dunkel. Gero und Lea betreten den Raum. Gero mit einer starken Taschenlampe. Lea schließt einen Regenschirm. Die Kleidung beider ist nass vom Regen. Es sind Wassertropfen zu hören.)

(Geräuscheinsatz Wassertropfen)

Gero: Der Staudamm ist jetzt genau über uns.

Lea: Und das hält alles?

Gero: Ja. Ja. Da machen Sie sich mal keine Sorgen.

Lea: (schaut zu den angeleuchteten Wänden) Na, ich weiß nicht.

Gero: Ich bitte Sie. Der Boden und die Decke, alles Beton. Bis Sie sich da ans Wasser durchgraben. Das würde Jahre dauern. Irgendwo muss hier der Lichtschalter sein.

Lea: Diese Maschinen draußen…

Gero: Das sind Motoren für die Turbinen.

Lea: Ein bisschen Licht wäre jetzt nicht schlecht.

Gero: (gibt Lea eine weitere Taschenlampe) Nehmen Sie die, hier muss irgendwo der Schalter sein.

Lea: (schaltet die Taschenlampe ein) Ich habe ihn gefunden.

Gero: Wen?

Lea: Also diese Maschinen, diese Turbinen. Wofür sind die da?

Gero: Die können das Wasser aus dem Staudamm holen.

Lea: Warum sollten sie? Das kann doch im Staudamm bleiben.

Gero: (kompliziert) Ja, wird es auch. Nur wenn es mal notwendig werden sollte pumpen die das Wasser da oben entlang, bis es quasi über uns, allmählich im Staudamm sinkt und dann direkt…

Lea: Ich verstehe kein Wort. Wann wird es denn mal notwendig?

Gero: Das Problem bei so einem Staudamm ist, dass sich das Wasser staut.

Lea: Wie kann der Sinn einer Sache ein Problem sein? Ich verstehe Sie wieder nicht.

Gero: Naja, es kann ja nicht weg. Ist ja nicht so schwer.

Lea: Wer?

Gero: Das Wasser. Es staut sich eben. Wo ist dieser verdammte Lichtschalter?

Lea: Ja und?

Gero: Wenn immer mehr oben reinläuft, dann läuft es ja irgendwann überall rüber. Das ist wie bei einer Badewanne. Wenn Sie mal das Wasser haben einlaufen lassen und abgelenkt waren, dann…

Lea: Ja, das kenne ich. Dann ziehe ich schnell das Gummi.

Gero: Genau, das passiert hier auch. Nur wenn der Abfluss geöffnet wird helfen die Turbinen nach, dass es etwas schneller fließt. Das ist dann anders als bei Ihrem gezogenen Gummi.

Lea: Und wenn es noch schneller raus muss, weil der Wasserhahn immer noch zu viel Wasser in die Wanne einlässt?

Gero: Dann muss noch schneller abgezogen werden. Das ist wie, wenn einer unter Ihrer Badewanne liegt und noch zusätzlich daran saugt, während oben das Wasser nachläuft.

Lea: Unter meiner Badewanne? Wohlmöglich noch, wenn ich darin liege.

Gero: In der Badewanne, also in dem Staudamm da oben, liegen Sie ja nicht.

Lea: Wenn ich das hier anmiete, vielleicht schon.

Gero: Dann baden Sie ja hier unten und nicht da oben…Also, wenn die Turbinen nachhelfen…

Lea: Also über mir saugen…

Gero: Die sind hinter den Wänden.

Lea: Also, wenn diese neben mir saugen…

Gero: Was? Ja, dann läuft das Wasser da oben rüber, dann die Wände herab und den Weg entlang und verschwindet dahinten durch die Gitter, da sind mehrere, in die Kanalisation.

Lea: Und wenn das nicht reicht?

Gero: Was soll nicht reichen?

Lea: Na, wenn die Gitter irgendwann zu klein werden?

Gero: Dann werden die Schotten geöffnet.

Lea: Ich habe das mal von Kreuzfahrtschiffen gehört.

Gero: Ja genau, das ist hier auch so. Auch in einem Schiff gibt es viele Kammern. Nur da werden sie geschlossen, damit es nicht hineinläuft.

Lea: Und hier?

Gero: Hier werden sie geöffnet.

Lea: Und dann?

Gero: Dann schießt das Wasser hier entlang.

Lea: Das Bad hat sich dann hier unten wohl für mich erledigt und wir stehen beide knietief im Wasser und ich habe gerade meine schönen Schuhe an.

Gero: In der Badewanne?

Lea: Wenn ich es vorher weiß, nehme ich wohl kein Bad.

Gero: Wissen Sie ja nicht.

Lea: Ich hör ja wohl die Turbinen anspringen und kann mich noch in Ruhe abtrocknen.

Gero: Gelingt Ihnen ja nicht. Ich meine…so schnell kommen Sie nicht aus Ihrem Bad.

Lea: Sehe ich so unbeweglich aus?

Gero: Ich meine, passen Sie dann lieber auf Kleid und Frisur auf. Beides steht Ihnen ausgesprochen gut.

Lea: Danke. Wieso?…Boden und Decke sind doch aus Beton und stabil haben Sie doch gesagt und dann läuft eben etwas Wasser hier über die Wände herunter und aus dem Gulli da hinten wieder heraus.

Gero: Ja, genau…ganz stabil, damit alles hält, wenn es hier den Gang entlang strömt und alles bis zur Decke einnimmt.

Lea: Dann sind wir mittendrin.

Gero: Das ist nicht mittendrin. Das ist unten drunter…

(Licht aus)

Jetzt ist noch die Taschenlampe ausgefallen.

Lea: Meine auch. Das wird mir langsam unheimlich.

Gero: Moment, ich habe es gleich.

Lea: Nun machen Sie schon. Wenn jetzt das Wasser kommt.

Gero: Hier kommt nichts. Die Maschinen sind seit 30 Jahren oder so nicht mehr im Einsatz oder wurden umgestellt…Das muss hier doch irgendwo sein. Jetzt…

(Plötzlich Licht)

Gero: Schön, nicht?

Lea: Und hier kann man jetzt wohnen?

Gero: Deshalb sind Sie ja hier. Ich glaube nicht, dass Sie sich wirklich für die alten Turbinen interessieren.

Lea: Wenn sie das drohende Wasser abhalten würden, schon. Aber dafür sind sie ja nicht da. Wohnt hier jemand?

Gero: Ja, schon. Also eigentlich nicht.

Lea: Sie sagten doch, dass die Wohnung frei ist.

Gero: Ich sagte, dass sie frei wird.

Lea: Wann sagten Sie das?

Gero: Neulich.

Lea: Also ist sie doch belegt.

Gero: Ja, noch. Sie wird in Kürze frei.

Lea: Schön. Tageslicht gibt es hier wohl nicht?

Gero: Nein, wie denn auch? Dafür ist sie sehr stylisch, topmodern, loftartig und quasi schallisoliert.

Lea: Schallisoliert ist gut. Ich muss raus aus Manhattan. Der Lärm frisst mich auf.

Gero: Und das Wasser für die Badezimmer kommt direkt von oben.

Lea: Was? Ich höre immer nur Wasser.

Gero: Keine Sorge. Das ist modernste Technik. Das wird mehrmals gefiltert und wieder rausgedrückt.

Lea: Wie rausgedrückt?

Gero: Wir können uns den Druck zunutze machen. Es fällt ja fast in die Nasszellen und muss dann allerdings wieder nach oben gepumpt werden. Nicht wie sonst, wenn es von unten kommt und dann erst hochgepumpt werden muss.

Lea: Die Turbine oder Maschine soll doch dafür sorgen, dass Wasser hier durchgeführt wird. Jetzt pumpt sie plötzlich Wasser hoch. Also sind das zwei Maschinen.

Gero: Nein. Es ist dieselbe. Kann man umschalten.

Lea: Ich verstehe.

Gero: Ach was?

Lea: Ja ja.

Gero: Ist das Objekt für Sie nun interessant?

Lea: Ich mag das Ungewöhnliche und Gradlinige und es ist ruhiger als in Manhattan. Was ist das hier? (zeigt auf eine Erhebung im Boden)

Gero: Ich habe keine Ahnung. Das sieht aus wie eine große Sitzbank.

Lea: Das sehe ich auch. War die immer schon hier?

Gero: Ich kann Ihnen das nicht sagen. Was ist nun?

Lea: Sie nennen es Loft. Es sieht für mich eher aus wie eine Zwischenbehausung für Obdachlose, eine große Waschküche oder ein Fundus in einem Keller. Was hängen da Kleider von der Decke? Wem gehören die ganzen Sachen da auf den Leinen? Gibt es hier keine Schränke?

Gero: Sie können sich welche reinbauen. Es gibt ja genügend Räume hier.

Lea: Ich sehe keinen weiteren. Vielleicht hinter den ganzen Laken und Klamotten.

Gero: Als Sie vorhin so ahnungslos schienen, waren Sie mir fast…Wir sollten jetzt gehen und später nochmals telefonieren, wenn Sie sich für das Objekt entschieden haben.

Lea: Jetzt wird es ja gerade interessant. Wer hängt hier seine Kleider an der Decke auf?

Gero: Ich vermute der Bewohner.

Lea: Der Bewohner?

Gero: Ist Schneider.

Lea: Wie lange wohnt der schon hier?

Gero: Es müssten so zwei Jahre sein.

Lea: Ein Schneider mit einer langen Sitzbank aus Beton und ohne Möbel. Kein Bild, kein nichts, was es persönlich macht, obwohl er schon seit zwei Jahren hier lebt oder wohnt.

Gero: Doch, da sind doch Vorhänge…

Lea: Sie meinen die Laken.

Gero: …und dort sind die Kleider. Ganz persönliche Dinge schön aufgereiht.

Lea: Sie mögen diese Ordnung? Wird der Schneider noch lange bleiben?

Gero: Was? Nein.

Lea: Ja gut. Wo geht es dahinter weiter?

Gero: Ich habe noch einige Termine, weit weg von hier und muss jetzt los. Der Regen.

Lea: (will hinter die tiefhängenden Tücher und Kleider schauen) Ich will ja nur mal kurz schauen.

Gero: Ich bitte Sie, wie soll ich das dem Bewohner erklären?

Lea: Bewohner? Wieso, ich denke, der Schneider muss raus?

Gero: Ja, schon…

(hält Tücher und Kleider fest)

…bitte nicht.

(Lea schiebt einige mit einem Ruck zur Seite und erschrickt.)

(Kenan und Trutz stehen nebeneinander in bunten Sakkos.)

Lea: Wer ist das?

Gero: Die gehören zum Loft. Sind…Gärtner oder Schornsteinfeger.

Lea: Schornsteinfeger!? Sehen Sie hier einen Schornstein? Gärtner!? Sehen Sie hier einen Garten?

Gero: Na, vielleicht da draußen.

Lea: Kennen Sie das Objekt überhaupt? Gärtner und Schornsteinfeger im Beton? Und ganz bunt und im Sakko?

Gero: Ja, es ist ja alles so grau hier.

(zu Kenan und Trutz) Los, hängt die Sakkos wieder zurück.

(Lea schaut Gero irritiert an.)

(Musikeinsatz)

(Kenan und Trutz rennen los und helfen sich gegenseitig, um an die an der Decke hängenden Kleiderhaken zu gelangen, Gero unterstützt plötzlich dabei, ziehen die Sakkos aus und hängen diese auf und ziehen sich um, artistisch, stehen dann wieder aufgereiht nebeneinander mit Gero.)

(Gero bemerkt die falsche Position und geht wieder zu Lea und dann gemeinsam mit ihr ab.)

Gero: (zu Lea) Vergessen Sie Ihren Schirm nicht.

Lea: Regnet es immer noch?

(Licht aus)

(Projektion von Regen)

(Musikeinsatz endet)

2. Paketbote und Nathanael

(Musikeinsatz)

(Nathan tritt mit einem Paket und in Rollschuhen auf, Nathanael steht an der Wand.)

(Musikeinsatz endet)

Nathan: Kennen Sie Nathanael Nachname?

Nathanael: (gibt sich zu erkennen) Ja, das bin ich.

Nathan: Wer sind Sie?

Nathanael: Na, Nathanael und so weiter.

Nathan: Dann ist das Paket nicht für Sie.

Nathanael: Ich bin doch da, Sie sehen mich doch, oder?

Nathan: Nathanaels gibt es viele, zu viele, wenn Sie mich fragen, und ich suche einen bestimmten.

Nathanael: Ja, mich.

Nathan: Wieso? Nathanael Nachname.

Nathanael: Ja, das bin ich. Nathanael Nachname.

Nathan: Sie lügen. Typisch für einen Nathanael.

Nathanael: Ich verstehe Sie nicht.

Nathan: Sie sagten, Sie sind Nathanael und so weiter und ich suche Nathanael Nachname.

Nathanael: Das bin ich. Und nochmal. Ich bin das.

Nathan: Dann komme ich morgen wieder.

Nathanael: Aber warum? Ich bin doch da (winkt und wirkt wie ein Kuscheltier).

Nathan: Nee, nee, nee, nee. Und ich kriege nachher Ärger, wenn ein anderer Nathanael sich beschwert, weil er das Paket nicht rechtzeitig erhält. Diese Nathanaels sind hartnäckig und wenn die sich erstmal beschweren...nee, nee, nee.

Nathanael: Was?

Nathan: Ich muss los. Wenn Sie den Nathanael Nachname nicht kennen, muss ich weiter und ihn suchen. In der Nachbarschaft fragen. Und wenn da auch keiner ist, muss ich morgen erneut kommen. Es sei denn...

Nathanael: Ja?

Nathan: Sie nehmen es für Nathanael Nachname an und übergeben es ihm, wenn er da ist.

Nathanael: Ich bin es doch selbst. Also, ja, ich nehme es für Nathanael Nachname an.

Nathan: Nee, nee, nee, nee. Nicht lügen. Ich würde es Ihnen ja gerne geben, aber man kann Ihnen nicht trauen.

Nathanael: Wieso denn?

Nathan: Weil Sie sagen, Sie sind Nathanael Nachname und sind es ja nicht.

Nathanael: Jetzt reicht es. Sie bringen mir seit zwei Jahren Pakete, jeden Tag ein Paket.

Nathan: Manchmal auch zwei.

Nathanael: Ja, auch zwei.

(wundert sich)

Dann kennen Sie mich doch.

Nathan: Wen?

Nathanael: Na mich, Nathanael Nachname.

Nathan: Sie sind Nathanael Nachname?

Nathanael: Ja, schon seit Jahren und jeden Tag.

Nathan: Sagen Sie das doch gleich. Es wäre besser gewesen, wenn Sie nicht erst abwarten, sondern sofort, wenn ich aufrufe, es zum Ausdruck bringen.

Nathanael: Was? Dass ich Nathanael und so weiter bin?

Nathan: Na, dann sind Sie es ja doch nicht. Dachte gerade, ich kann Ihnen vertrauen und jetzt behaupten Sie schon wieder, dass Sie nicht der sind, der Sie eben gerade noch waren…Ich muss los. Ich werde die Nachbarn fragen, ob hier alles koscher ist, ich meine mit Ihnen. Ich bin morgen wieder da, Nathanael Nachname.

Nathanael: Was soll das Ganze?

Nathan: Ich habe es furchtbar eilig. Einige Straßen sind schon vom Regen aufgeweicht (geht)…und wenn der Wagen so vollgeladen ist, drehen die Reifen durch und alles dauert noch viel länger.

(kommt zurück)

Und das Paket lass ich hier.

(wirft es fast unerreichbar für Nathanael, der es dennoch fängt)

Seien Sie sorgfältig, wenn der Inhalt zerbrechlich ist und ich vermute, dass das in diesem Fall so sein könnte…oder so ist…Und passen Sie auf, dass es keiner klaut (geht ab).

(aus dem Off) Man kann hier niemandem trauen.

Nathanael: (leise) Bis morgen.

(Musikeinsatz)

(Nathanael schüttelt den Kopf, ist traurig, nimmt das Paket und stellt es ungeöffnet ins Regal zu den anderen; faltet einen Zettel zusammen und steckt ihn in einen Spalt in der Mauer.)

(Licht aus)

(Nathanael geht ab.)

(Lea versteckt sich hinter einem Tuch.)

(Projektion von Regen)

3. Gespräch

(Weiterhin Projektion von Regen)

(Gero und Trutz treten auf.)

(Musikeinsatz endet)

Gero: Ich weiß nicht, ob es überzeugend war.

Trutz: Was hat sie gesagt?

Gero: Sie hat eher viel gefragt.

Trutz: Und? Wird sie die Wohnung nehmen?

Gero: Da, wo sie jetzt lebt, frisst der Lärm sie auf und hier ist es so geschmackvoll ruhig.

Trutz: Hat sie das so gesagt?

Gero: Nicht so, aber so gemeint.

Trutz: Wo hast du sie gefunden?

Gero: In Manhattan.

Trutz: Ich habe dort mal gewohnt und weiß, wie es einen zerdrückt.

Gero: Das hast du mir schon hundert Mal erzählt.

Trutz: Was hast du ihr erzählt, als sie uns entdeckt hat?

Gero: Irgendetwas.

Trutz: Hat sie dir das geglaubt?

Gero: Bestimmt.

Trutz: Wirklich? Ich habe versprochen, dass das mit der Wohnung klappen wird.

Gero: Wer war der andere?

Trutz: Ich kenne ihn vom letzten Jahr. Es ging alles so schnell, er hat dich nicht wahrgenommen. Lass dir nichts anmerken, wenn wir uns sehen. Lass es so wirken, als wären unsere Gespräche nie geschehen.

Gero: Lass mich schon machen.

(hört ein Geräusch. Lea ist für die Zuschauer sichtbar.)

Gero: Was war das?

Trutz: Da ist nichts. Geh jetzt und bleib dran.

Gero: (tänzelnd) Hetz mich nicht. Ich sage dir, hetz mich nicht.

(Projektion von Regen endet)

(Licht aus)

(Musikeinsatz)

4. Gäste und Vorbereitung

(Licht an)

(Nathanael steht noch bei dem Paket.)

(Trutz tritt auf.)

(Musikeinsatz endet)

Trutz: (übertrieben) Sei nicht traurig, du weißt doch, wie er ist.

Nathanael: (übertrieben) Ach, du bist es, Trutz. Seit wann bist du hier?

Trutz: Ich habe Kenan unterwegs getroffen und wir sind seit gestern da.

Nathanael: Schön, dich zu sehen. Wo ist er?

Trutz: Noch in seinem Zimmer. Er ruht sich sicher aus.

Nathanael: Ich habe euch bereits vorgestern erwartet. Vor dem Fasten.

Trutz: Die Straßen hierher sind schwer zu befahren.

Nathanael: Das habe ich auch bemerkt und bin wieder umgekehrt, als ich noch in die Stadt wollte. Raus nach Manhattan, es war mir hier zu ruhig und ich brauche noch einiges. Und der Regen regnet jeglichen Tag.

Trutz: Das kommt mir bekannt vor. Und ich bin offensichtlich noch rechtzeitig gekommen.

Nathanael: Wofür?

Trutz: Um dir Trost zuzusprechen.

Nathanael: Lass gut sein, ich will den Tag vergessen.

Trutz: Den ganzen Tag? Wie willst du den Tag vergessen am Jom Kippur?

Nathanael: (entspannt sich) Ich meine…(spannt wieder an) dann ist es ja noch viel schlimmer. Vielleicht hätte ich nicht so schroff reagieren sollen. Ich werde ihn aufsuchen und um Verzeihung bitten für alles, was in letzter Zeit vorgefallen ist.

Trutz: Wen?

Nathanael: Den Paketboten.

Trutz: Willst du ihn suchen, während er erst dich und dann andere schikaniert?

Nathanael: Das tut er bestimmt nicht. Jeder hat mal einen schlechten Tag.

Trutz: Er hat schlechte Jahre. Du hast mir bereits im letzten Jahr erzählt, dass du ihm schon Versöhnung angeboten hast. Und wie hat er reagiert?

Nathanael: Ich weiß es nicht mehr.

Trutz: Das hast du mir doch erzählt. Er hat dir gesagt, dass er gerne jeden Tag den langen Weg auf sich nimmt, um nur seinen Spaß zu haben. Er nimmt dich nicht ernst.

Nathanael: Er ist überlastet und wollte es nur zum Ausdruck bringen.

Trutz: Umarmen kannst du ihn noch am Sukkot. Lass uns jetzt beginnen: Kehren und dann die Tische aufbauen.

Nathanael: Neue Besen wollte ich ja holen. Nimm die alten.

Kenan: (tritt auf) Hallo Nathanael, wie geht es dir?

Nathanael: Es läuft. Bist auch wieder dabei?

Kenan: Na hör mal. Hast mich doch eingeladen.

Nathanael: Lass dich drücken.

(Kenan und Nathanael begrüßen sich; Kenan und Trutz schauen sich länger an.)

Trutz: (zu Kenan) Gut, dass du jetzt da bist. (wirft Kenan einen Besen zu). Kannst gleich mitmachen. Es muss alles ordentlich sein. Alles am rechten Platz stehen.

Kenan: (zu Nathanael) Nimm dir etwas Wasser aus der Karaffe. Wir machen das schon.

Nathanael: Das geht nicht. Der Mund ist zu am Jom Kippur. Ihr schafft das doch gar nicht zu zweit.

Kenan: (schiebt Nathanael zur Seite) Dann arbeite auch nicht.

(Nathanael nimmt die Karaffe und schüttet das Wasser aus.)

(Kenan fängt ein Teil des Wassers mit seinen Händen auf und streicht es über Gesicht und Haare.)

Nathanael: Das darfst du nicht.

Kenan: Ich habe es nicht getrunken. Das meinst du doch, oder? Wie viele Gäste werden erwartet?

Nathanael: Ich gehe von…und mit dem Paketboten sind es…

Trutz: …ohne…

Nathanael: Dann sind es vielleicht…

Gero: (tritt auf und zu Nathanael) Danke für die Einladung. Ich bin Gero.

Nathanael: (begrüßt Gero) Noch einer mehr…(stellt sich vor) Nathanael. Willkommen in einer wichtigen Zeit am wohl ungewöhnlichsten Ort.

Kenan: Über dir die größte Badewanne, die du dir vorstellen kannst. (begrüßt Gero) Ich bin Kenan.

Gero: Freut mich.

Trutz: Heute wird nicht gebadet. Und hier bald das schönste Fest, das du dir denken kannst. (begrüßt Gero) Ich bin Trutz.

Trutz: Gero, komm. Es passiert gleich.

(Trutz ergreift die Hand von Gero und drückt ihn an die Wand, beide stehen dicht nebeneinander und reagieren übertrieben und synchron auf die Aussagen von Kenan.)

(Kenan spricht Gero an und meint die Antworten von ihm zu kennen.)

(Filmeinsatz, Nathan, Gero und Trutz schwimmend und rückwärts ins Wasser fallend.)

Kenan: Hast du auch die Straße am Staudamm genommen oder bist du über den Pass gekommen? Die am Staudamm sicherlich, ist auch viel schöner. Finde ich auch. Hast du am Parkplatz kurz gerastet? Ja, das ist der beste Ort, um in den See zu blicken. Das Wasser steht so hoch. Im letzten Jahr habe ich hineingeschaut. In diesem Jahr schaut es mich an. Komisch, wenn man so angeglotzt wird. Siehst du auch so, nicht? Dann hast du auch die Einschläge bemerkt. Klar hast du gesehen, dass die aufprallenden Regentropfen auf der Oberfläche gebremst werden und dadurch in der Mitte viel tiefer als am Rand eintauchen. Spürst du die Kraft? Hast du auch gezählt, wie viele in deiner unmittelbaren Nähe auftreffen? Klar hast du das. Das Wasser schlägt durch die Wucht über der Luft zusammen und schließt sie ein. Ich dachte, die Blasen kommen von den Fischen, die keine Luft mehr bekommen. Hast du auch gedacht, oder? Ich habe mich gefragt, wenn es so extrem herunterprasselt, wie viel Luft da einem genommen wird. Hast du dich das auch gefragt?! Was kleine Tropfen so auslösen können, welche Wirkung auf einmal entsteht und was für Wellen sie schlagen. Ich hatte wie du gedacht: Das ist doch unglaublich. Dann hatte ich kurz überlegt hineinzuspringen, mich einfach rückwärts hineinfallen zu lassen, um mir die Luft zurückzuholen, die da eingeschlossen war, da sie mir genommen wurde. Das kennst du vielleicht. Ich dachte wie einer dieser Fische, die da im Staudamm gefangen waren. Ist doch verrückt, oder? Ging dir doch auch so, nicht?

(Filmeinsatz endet)

Kenan: Du kannst gleich mit anpacken.

Gero: Was meinst du?

Kenan: Eingeladen sein heißt hier mitwirken. Du wirst schon sehen.

Gero: (irritiert) Was kann ich tun?

Trutz: (übergibt Gero einen Besen) Erstmal fegen.

Gero: Der Boden ist doch sauber.

Nathanael: Komm doch erstmal an.

Trutz: Keine Widerrede.

(platziert Nathanael wieder)

Kenan: Und los geht's. Du hier, ich dort und du da.

(Gero, Kenan und Trutz fangen an zu fegen und steigern sich.)

Nathanael: Dann kann ich wenigstens die Tücher abhängen, die müssten längst trocken sein.

Kenan: (platziert Nathanael wieder) Die stören ja nicht.

Gero: Der Boden ist jetzt sauber.

Trutz: Noch nicht ganz. Feg in Deinem Kopf weiter.

Kenan: Und weiter geht es.

Gero: Schon gut. Ich tue, was ich kann.

Kenan: Ich freue mich jedes Jahr darauf.

Trutz: (zu Kenan) Und ich erst. Du machst eine gute Figur dabei.

Kenan: (schaut Trutz verwundert an) Was?

(Das Fegen stoppt plötzlich.)

Trutz: Jetzt die Tische.

Kenan: …Die müssen eingesammelt und aufgestellt werden.

Nathanael: Ich habe es nicht allein geschafft, die zusammenzuschieben.

Trutz: Kein Problem, das können wir doch übernehmen. Oder was denkst du, Gero?

Gero: Ja, sicher. Ich sehe das genauso. Wo sind die Tische? Ich sehe hier keine.

Kenan: (lacht) Das ist wie mit dem Staudamm. Wasser ohne Ende und keins hier, was nützlich ist. Ich hätte jetzt Lust auf Schwimmen, aber das geht ja nicht.

(Musikeinsatz)

Trutz: (schiebt den ersten Tisch hinter einem herabhängenden Tuch hervor zu Kenan) Achtung!

(Kenan stoppt ihn sicher.)

Du hältst was aus.

(Weitere Tische werden herangeschoben oder aufbaut; dazu werden die Tischplatten transportiert und die Tischbeine zugeworfen, bis eine lange Tischreihe, wie eine Tafel, nur bis zum Tuch sichtbar wird.)

(Trutz beobachtet Gero, wie dieser tänzerisch oder spielerisch dabei agiert und Spaß am Aufbau gewinnt.)

(Nathanael klettert zwischendurch auf den Tisch und hängt einige Tücher ab; diese werden genutzt, um die Tische abzudecken.)

(Gero, Kenan und Trutz sind stolz auf ihr Werk und stehen dicht nebeneinander.)

(Trutz ergreift die Hand von Gero und greift Kenan ans Gesäß; Kenan schiebt seine Hand weg.)

(Musikeinsatz endet)

Kenan: (zu Nathanael) Was ist mit den Paketen? Willst du die nicht mal langsam auspacken?

Nathanael: Nein, ich hol sie später, wenn es an der Zeit ist. Es fehlen noch welche. Ist der Punkt an?

Gero: Was für ein Punkt?

(Nathanael zeigt auf eine Lampe.)

Kenan: Er meint diese Lampe. Ja, die ist an.

Nathanael: Dann ist gut. Die muss immer an sein.

Trutz: Sorge dich nicht um sie. Es ist Jom Kippur. Die ist an.

(Gero, Kenan und Trutz schauen Nathanael lange an, lachen leicht und gehen impulsiv ohne Gero und Nathanael ab.)

(Licht aus)

(Projektion von Regen)

5. Untersuchung

(Musikeinsatz)

(Vincent tritt oben auf; Nathanael steht an der Wand.)

(Musikeinsatz endet)

Vincent: Haben Sie etwas gesehen oder bemerkt? Das Wetter bringt einen noch um. Die Würmer kriechen im Regen heraus, haben Sie sich das mal angeschaut? Sie versuchen zu fliehen und wenn dann noch mehr Wasser kommt, ist es umsonst.

Nathanael: Wer sind Sie? Und wie kommen Sie hier herein?

Vincent: Einfach den Gang entlang. Und die Tür stand für jeden offen. Besser als draußen zu sein. Es regnet in Strömen.

Nathanael: Wirklich?

Vincent: Ja, ja. Haben Sie etwas Ungewöhnliches bemerkt?

Nathanael: Die ganze Zeit.

Vincent: Was?

Nathanael: Ach egal.

Vincent: (zieht ein Bild hervor)

Haben Sie das schon mal gesehen?

(Beide versuchen es auszutauschen.)

Nathanael: Können Sie nicht mal herunterkommen?

Vincent: Was?

Nathanael: Alle erscheinen immer oben, das geht ja auch auf gleicher Ebene.

Vincent: Haben Sie ein Problem mit der Obrigkeit?

Nathanael: Ach so, Sie sind…Nein, aber es ist für alle weniger belastend, wenn Sie mal von unten, also ich meine…sprechen Sie doch direkt mit mir, so von Gesicht zu Gesicht.

Vincent: Ich sehe Sie doch. Ich kann Sie genau anschauen. So ganz direkt in die Fresse.

Nathanael: Ja, ich Sie ja auch.

Vincent: Sie stören sich am Winkel? Mit Winkeln kenne ich mich aus.

Nathanael: Ja, sozusagen.

Vincent: Was können wir denn da machen?

Nathanael: Na, einfach mal auf Augenhöhe…

Vincent: Meine Augen sind nun mal höher. Das hängt mit der Körpergröße und dem Auftritt…und dann noch in die Weite blickend, so vorausschauend…zusammen.

Nathanael: Vielleicht mal ganz direkt. Und lieber jetzt als zukünftig.

Vincent: Gut. Ich komm mal herunter. Wo geht es denn lang?

Nathanael: Sie finden schon den Weg.

Vincent: In die Richtung?

Nathanael: Sie können auch direkt…von mir aus auch da lang, obwohl, da muss man aufpassen, weil es ein paar…

Vincent: Ich bin gleich bei Ihnen…Mist.

Nathanael: Was?

Vincent: Jetzt bin ich hängengeblieben…der Ärmel hat sich gerade verfangen…das muss doch irgendwie…ich hab es gleich…jetzt bin ich frei, obwohl…nun hängt die Hose fest…ich sollte…die vielleicht ausziehen.

Nathanael: Nein, bloß nicht.

Vincent: Was? Dann ist es möglicherweise bequemer und der Kopf auch viel freier…jetzt…ich konnte sie lösen.

Nathanael: Lösen ist immer gut. Ausziehen schlecht. Sind Sie jetzt mal da?

(Vincent ist plötzlich verschwunden.)

Vincent: (aus dem Off) Ja, hier. Bin gleich da.

Nathanael: Schön…Und um was geht es? Wo sind Sie denn jetzt?

Vincent: Ich weiß auch nicht mehr so genau.

Nathanael: Dann könnten Sie ja wieder…

Vincent: (erscheint) Ja, das stimmt…nur hätten wir dann nichts bewegt.

(bemerkt die Tafel) Haben Sie irgendetwas zu feiern?

Nathanael: Sukkot folgt bald Jom Kippur und Purim müssen wir nachholen.

Vincent: Ach, feiern ist gar nicht schlecht. Aber so.

Nathanael: Wer sagt das?

Vincent: Ich.

Nathanael: Was feiern Sie?

Vincent: Gar nichts. Ich komme nicht dazu. Immer etwas los. Immer etwas zu prüfen.

(zeigt auf eine Lampe)

Was leuchtet da?

Nathanael: Ist der Punkt an?

Vincent: Ja, es brennt doch.

Nathanael: Gut. Der muss immer an sein.

Vincent: (irritiert) Was wollte ich noch?

Nathanael: Es ging um das Foto.

Vincent: Richtig. Wo habe ich es nur gleich? Ich hatte es wieder weggesteckt. Hoffentlich ist es nicht, als ich mit der Hose…Hier ist es. Das Bild ist schrecklich (zeigt es Nathanael).

Nathanael: Oh, es gibt doch Bildbearbeitung, hätten Sie nicht vielleicht…?

Vincent: Was hätte ich?

Nathanael: Na wenigstens den Kontrast.

Vincent: Na, ich hab ja schon die Helligkeit.

Nathanael: Ja, das reicht ja eben nicht.

Vincent: (plötzlich energisch) Haben Sie das schon mal gesehen?

Nathanael: Ja klar.

(Vincent ist verwundert.)

(Nathanael geht ab.)

(Musikeinsatz)

(Projektion von Regen, Gero kommt hinzu und tanzt.)

(Musikeinsatz endet)

6. Paketbote und drei Männer

(Musikeinsatz)

(Nathan trägt ein Paket und sieht Gero, Kenan und Trutz, die jeweils einen Regenschirm aufspannen.)

(Nathan schüttet Wasser auf die Regenschirme.)

(Musikeinsatz endet)

Nathan: Kennen Sie Nathanael Nachname?

Gero, Kenan, Trutz: (gemeinsam, kichernd) Nein, den kennen wir nicht.

Nathan: Was kichert Ihr?

Trutz: Wir

Gero: sind

Kenan: fröhliche

Gero: Menschen.

Trutz: Kichern nicht

Kenan: sondern lachen gern

Trutz: über uns

Gero: und andere.

Nathan: Ich habe gerne einen, dem ich gegenüber austeilen kann. Und nun gleich drei? Wenn ich Pakete austrage werde ich oft von Hunden angesprungen. Die bellen dann.

(bellt)

Nicht nur die großen sind das Problem. Schnauzer, Spitz und diese kurzen sind langatmig. Das macht mir Angst. Aber sowas wie jetzt ist neu. Ich wurde fast hierher gespült und die Staumauer klagt schon. Also, wo ist dieser Nathanael Nachname? Ich habe keine Zeit (bellt erneut).

Kenan: Na…

Gero: tha

Trutz: na

Kenan: el

Gero: sind vier

Kenan: Silben

Trutz: leider

Kenan: nicht

Gero: eine.

Gero, Kenan, Trutz: Sprich mit uns, anstatt mit Dreien.

Nathan: Was?

(schüttet erneut Wasser von oben auf die Regenschirme)

Wer nimmt mir das Paket für Nathanael Nachname nun ab?

Gero, Kenan, Trutz: Wir machen das.

(Gero, Kenan und Trutz schließen die Regenschirme.)

Kenan: Obwohl

Trutz: vielleicht

Gero: es auch anders

Trutz: geht.

Nathan: Und wie?

Kenan: Einfach das Paket oben abstellen.

Trutz: Wir holen

Gero: es dann.

Nathan: Das geht so nicht. Es muss jemand entgegennehmen. Das ist so geregelt. Es muss quittiert werden.

Kenan: Dann ich.

Trutz: Ich mach es.

Gero: Lasst gut sein, ich.

Nathan: Ich mach lieber mein Spiel mit Nathanael selbst. Wo ist er also?

Gero, Kenan, Trutz: Zu dumm, wir spielen auch gern. Bist du der Paketbote?

Nathan: Na, wie sieht es denn aus? Ja, der bin ich.

Trutz: Wie heißt du?

Kenan: Wie wirst du genannt?

Gero: Und magst du deinen Namen?

Nathan: Ja, schon.

Gero, Kenan, Trutz: Ach was?!

Nathan: Was ist nun mit dem Paket?

Gero, Kenan, Trutz: Nee, nee, nee, du bist uns noch den Namen schuldig.

Kenan: Sag schnell

Trutz: wie du heißt

Gero: oder wie du genannt wirst.

Kenan: Egal, ob du deinen Namen magst.

Trutz: Oder nicht.

Nathan: Klar mag ich den. Warum auch nicht. Ist ein sehr schöner Name. Ich heiße…

Gero, Kenan, Trutz: Los, raus mit der Sprache.

Trutz: Und nicht so laut. Das klingt sonst wie Gebell.

Nathan: Also nun…

Gero, Kenan, Trutz: Wird es langsam?

Nathan: Ja, ja. Ich heiße…aber was hat das mit dem Paket zu tun?

Gero, Kenan, Trutz: Eine ganze Menge. Wir wollen ja alles namentlich zuordnen.

Gero: Sag schon.

Kenan: Sag schon.

Trutz: Sag schon.

Nathan: Ach so, ja klar, ich heiße…

Gero, Kenan, Trutz: Na?!

Nathan: than.

Gero: Und

Kenan: der

Trutz: Nachname?

Nathan: Nachname.

Kenan: Das passt ja nicht.

Nathan: Was passt nicht?

Trutz: Nathan bedeutet

Kenan: Geschenk.

Gero: Obwohl.

Gero, Kenan, Trutz: Gib uns jetzt das Paket. Ganz freundlich.

Nathan: Es ist aber für…

Gero, Kenan, Trutz: Ganz freundlich.

Nathan: Hier.

(Es dauert, bis das Paket übergeben und abgenommen wird; Nathan, Gero, Kenan und Trutz agieren auch artistisch.)

Gero: Geht doch.

Kenan: Einen guten Tag.

Trutz: Vielen Dank.

Gero, Kenan, Trutz: Es war uns eine Freude.

(Nathan geht ab.)

Trutz: Was mag

Gero: da wohl

Kenan: verpackt sein?

Nathanael: (tritt auf) Schluss mit dem Einklang.

(hält ein offenes Paket)

Bei diesem Paket konnte ich mich nicht mehr zurückhalten. Morgen ist Laubhüttenfest, dann werdet Ihr den Inhalt bekommen.

Kenan: Du bist zu spät.

Trutz: Der Bote kam zu früh.

Nathanael: Ich habe die Zeit aus dem Blick verloren. Lasst uns jetzt gleich die Tücher wie Zeltplanen neu verspannen.

Kenan: Draußen?

Nathanael: Da regnet es immer noch.

Kenan: Dann schlafen wir hier drinnen, als ob es draußen wäre.

Gero, Kenan, Trutz: Das machen wir.

(Gero, Kenan und Trutz sind voller Vorfreude und spannen Seile und hängen Tücher auf.)

Kenan: Nicht zu dicht, solange die Lichter des Nachts zu sehen sind.

Trutz: Es kann ruhig durchschimmern, solange der Schatten überwiegt.

Gero: Hier drinnen ist es wie draußen.

Trutz: Es darf nicht flattern.

Gero: Was habt Ihr noch für die Wände?

Nathanael: Nichts weiter. Es ist zu früh.

Kenan: Was denn nun? Du hast doch gesagt, du hast die Zeit aus dem Blick verloren.

Trutz: Das sind mehr als drei Handbreit über dem Boden.

Kenan: Wie viele Wände sind gebaut?

Gero: Das sind vier.

Trutz: Gut, das ist besser als drei. Wir machen das morgen fertig.

(Zusätzliche textliche Improvisation)

(Die Zuschauer und die Schauspieler befinden sich jetzt wie in einem großen Zelt, einer Sukka.)

Gero: Gute Nacht.

Kenan: Schlaft gut.

Trutz: Du auch.

(Licht aus)

(Musikeinsatz)

(Projektion von Regen)

(Musikeinsatz endet)

7. Begehren

Trutz: (flüsternd) Kannst du auch nicht schlafen?

Kenan: Mir geht so viel durch den Kopf.

Trutz: Das ist ja erstmal nicht schlecht. Dann hast du einen.

Kenan: Wen habe ich?

Trutz: Einen Kopf, der denkt.

Kenan: Ist ein Kopf nicht dafür da?

Trutz: Wofür?

Kenan: Na, dass er denkt?

Trutz: Ja, schon.

Kenan: Aber?

Trutz: Das ist nicht immer so.

Kenan: Warum bist du wach?

Trutz: Mein Kopf ruft nach Träumen und ich will ihn nicht enttäuschen.

Kenan: Bist du enttäuscht?

Trutz: Nein. Im Moment nicht.

Kenan: Du kannst mich einmal unterstützen.

Trutz: Gerne. Was kann ich tun?

(Flüstern endet)

Kenan: (zeigt nach oben) Ich will da hoch.

Trutz: Wo willst du denn hin?

Kenan: Nicht so laut. Hier unten ist ja nichts.

Trutz: Was ist da oben?

Kenan: Das weiß ich jetzt auch noch nicht.

Trutz: Kannst du mir etwas mitbringen, wenn du da oben etwas findest? Ich bin schon ganz mager.

Kenan: Was denkst du denn, was ich da oben suche?

Trutz: Ich verrat es nicht. Ich habe auch Hunger.

Kenan: Es ist die letzte Nacht von Jom Kippur. Warum sollte ich nach Essen suchen? Der Mund ist zu.

Trutz: Das höre ich mit Hunger nicht. Suchen ist ja erst einmal nicht schlimm. Halt dich an mir fest.

Kenan: Ich weiß nicht. Ich kann das auch ohne.

Trutz: Dann rutschst du vielleicht ab, weil du so hungrig bist und die Kräfte schwinden.

Kenan: Das stimmt. Und das möchte ich nicht nochmal.

Trutz: Siehst du. Dafür bin ich da.

Kenan: Und wo bist du nun?

Trutz: Na hier. Den Fuß auf den Schenkel und die Hand auf den Kopf.

(Kenan nutzt die Unterstützung durch Trutz.)

Hast du eine Lotion genommen?

Kenan: Natürlich nicht.

Trutz: Irgendetwas anderes aufgetragen?

Kenan: Nein. Geht das auch ohne Berührung? Mir wäre lieber, es gäbe keinen Zeugen und du wärst nicht da. Und zieh deine Schuhe aus, die sind aus Leder.

(Trutz zieht seine Schuhe aus.)

Trutz: Ich kann dir die Ferse stützen. Das ist nur ein kleiner Impuls und ist wie gar nicht gemacht. Das sieht dann quasi keiner.

Kenan: Reicht das denn?

Trutz: Für das erste schon. Nur wenn du die Balance nicht hältst bin ich nicht schuld.

Kenan: Was schlägst du also vor?

Trutz: Deine Hand und zumindest einen Fuß stabilisieren. Ich nehme nur die Fingerspitzen.

Kenan: Das klingt gut. Wenn du dann noch…

Trutz: Ja?

Kenan: Na, an meinem Gesäß.

Trutz: Ich möchte ja nicht.

Kenan: Hast du ein Problem damit? Dann wäre ich schneller da.

Trutz: Ich dachte nur eben…gut, ich halte dich da fest.

Kenan: Jetzt komme ich hoch.

Trutz: Das wäre auch ohne…siehst du schon etwas?

Kenan: Etwas höher. Hast du keine Kraft? Schieb mich hoch.

Trutz: Ich mach ja schon.

Kenan: Jetzt sehe ich alles.

Trutz: Und?

Kenan: Nichts.

Trutz: Wie, nichts?

Kenan: Nimm mal die Hand von meinem Gesäß. Vielleicht kann ich dann mehr sehen.

Trutz: Soll ich jetzt wieder die Hand am Schenkel anlegen?

Kenan: Nein.

Trutz: Lieber am Gelenk?

Kenan: Nein. An welchem denn?

Trutz: Ich habe den Überblick verloren. Ich nehme am besten alle Hände weg.

Kenan: Nee, lass mal. Jetzt sehe ich etwas.

Trutz: Etwas Essbares?

Kenan: Na hör mal, es ist noch Jom Kippur. Am Sukkot kannst du fressen.

Trutz: Es ist der neunte.

Kenan: Hast du geschaut, wie spät es ist?

(Kenan verschwindet plötzlich.)

Trutz: Ich habe einen Krampf. Wo bist du denn?

(Kenan erscheint in anderer Kleidung.)

Kenan: Wie findest du das?

Trutz: Schön. Wo hast du das her?

Kenan: Hier ist eine ganze Kiste voller Kleider.

Trutz: Ist da auch etwas zum Essen?

(Kenan schaut Trutz verwundert an.)

Trutz: Ich meine neben den Kleidern, in einer anderen Truhe.

Kenan: Wie kannst du immer nur ans Essen denken? Hier, ziehe das mal an.

(Kenan wirft Trutz ein Kleidungsstück zu, der dieses anzieht.)

Kenan: Und?

Trutz: Ich mag das. Es fühlt sich gut an.

Kenan: Ein Rabbiner hat mal gesagt, Sukkot ist die Umarmung.

Trutz: Komm her.

(Kenan klettert herab.)

Kenan: Sukkot ist morgen. Ich vergebe dir den Gedanken. Lass gut sein.

Trutz: (zieht die Kleidung wieder aus und übergibt sie an Kenan) Nimm es zurück. Es gehört mir nicht. Und du hast die Schuhe noch an. Die sind aus Leder.

Kenan: Sukkot ist gleich. Ich leg es hier hin. Und meins auch. Bis morgen. Ich schau mal, ob ich etwas zu essen finde.

Trutz: Für mich auch.

Kenan: Wie kannst du immer nur ans Essen denken? Der Mund ist zu. Es ist Jom Kippur. Und denk nicht solche Gedanken.

(Trutz ist irritiert.)

(Kenan tritt ab.)

(Licht aus)

8. Zwischen den Tüchern

(Vincent tritt auf; Lea steht in der Sukka.)

Vincent: Das ist mir alles viel zu verhangen. Erst draußen, dann drinnen. Kann man mal diese Tücher…?

Lea: Kann ich Sie kurz sprechen?

Vincent: Was gibt es?

Lea: Ich will hier wohnen.

Vincent: Zwischen den Tüchern?

Lea: Die waren ja beim letzten Mal nicht da.

Vincent: Sie waren also schon hier? Das ist ja interessant. Ich sammle jetzt alle mal ein. Das ist mir zu unübersichtlich.

Nathanael: (tritt plötzlich mit Kuchen auf, sieht die Kleider) Das mache ich schon. Wollen Sie Kuchen?

(Vincent und Lea nehmen ein Stück Kuchen.)

Lea: Sind Sie der Schneider? Ist da Honig drin?

Nathanael: Wer sagt das? Ja klar.

Lea: Der Makler.

Vincent: Bin ich nicht. Da ist Honig drin.

Nathanael: Das ist meine Wohnung und ich habe selten Fremde hier.

Gero: (tritt plötzlich auf) Ich bin nicht fremd und ein geladener Gast.

(Gero nimmt auch ein Stück Kuchen.)

Lea: (zeigt auf Gero) Das ist der Makler.

Vincent: Ach was?

(Nathanael schaut Gero verwundert an.)

Gero: (versucht es herunterzuspielen) Sehr lecker. Da ist Honig drin. Wer soll ich sein? Ich habe keine…also kann ich gar kein Makler sein…

Lea: (zu Nathanael) Ich würde Ihnen gerne einmal von mir erzählen. Aus welchem Hause ich komme. Was ich so den lieben langen Tag mache. Was mich umtreibt. Warum ich eigentlich hier bin…

Nathanael: (drückt Lea ein Stück in die Hand) Noch ein Stück Kuchen?

Trutz: (aus dem Off) Hast du die vier Arten zum Schütteln in die sechs Richtungen?

Nathanael: Das Paket ist nicht angekommen.

Kenan: (aus dem Off) Oder irgendwo anders abgegeben worden.

Trutz: Haben wir noch Wasser? Zumindest als Opfergabe.

Kenan: Ich habe dort hinten noch nicht gesucht. Wie weit geht das hier noch?

Trutz: Das weißt du doch aus dem letzten Jahr.

Kenan: Sie wollte noch etwas erzählen. Hör doch zu.

Trutz: Lass uns lieber gleich danach suchen. Jauchzen und fröhlich sein.

Lea: Ja, ich wollte noch erzählen, was mir aufgefallen ist…

(Gero nimmt Lea das Stück Kuchen aus der Hand und stopft es ihr in den Mund.)

Lea: (zu Nathanael) Das ist genau der Punkt. Ist er an? (schaut zu der Lampe) Ja, er ist noch an. Wer soll ich sein? Die dritte Reihe sozusagen, Off-off-off, das klingt wie ein Bellen. Ich rede von Manhattan, vom Broadway. Wenn ich Glück habe gelingt mir das Vorluken, um gesehen zu werden. Manchmal Tanz im Background oder wenn es besser läuft auch Burlesque.

(Lea spielt mit Gero und spricht dabei weiter.)

(Musikeinsatz)

Von dem Geld kaufe ich mir neue Schuhe. Je höher der Absatz, desto üppiger das Trinkgeld. Klar, auch etwas zum Essen. Koscher ist das nicht. Behalten Sie es für sich. Ach, Sie sind ja auch… Bei dem Dauerregen ist mein Motto: Stock in der Wohnung, unsteif auf der Bühne. Es ist nicht das beste und ich bin nicht so kreativ und möchte mich nicht beklagen. Ich teile mir die Wohnung mit Sue. Sonst würde es auch nicht reichen. Sie macht das gleiche wie ich ein paar Straßen weiter. Zusammen passt es. Wir halten zusammen und die Fenster sind dicht. An regnerischen Nachmittagen werde ich so depressiv und stelle mir vor, ich sei ein Vogel, der sein Gefieder schüttelt, um Ballast abzuwerfen und sich auf den Flug vorzubereiten.

(Spiel endet)

Der unablässliche Regen hat mehr Bedeutung für die Frisur als für uns. Sie mögen es, wenn wir uns erst im Scheinwerferlicht nass machen. Abends hämmern sie gegen die Tür, weil sie uns gefolgt sind oder wissen, wo wir wohnen. Keine Ahnung woher. Ich gehe immer Umwege durch die Stadt. Meistens ist es der Vermieter, nur weil wir nicht gleich bezahlt haben. Es ist so laut geworden in Manhattan und unbezahlbar. Sue meinte, such uns etwas Ruhiges. Und wir diskutierten bis in die Nacht, ob sie oder ich mit der Miete im Rückstand war oder wir beide und wer eigentlich die meiste Schuld trägt. Dann köpften wir eine Flasche Sekt, Schaumwein, obwohl ich das nicht darf, malten Flugblätter, lachten und planten und suchten in den Anzeigen.

(hält einen Finger vor ihren Mund)

Pst. Manchmal muss man neue Wege gehen.

Gero: (plötzlich als Vermieter und übertrieben) Was ist mit der Miete?

Lea: (übertrieben, berührt Gero) Ich zahl sie dir schon heim.

Gero: Das hört sich gut an.

Lea: (versucht Gero hinter ein Tuch zu ziehen) Dann komm doch rein.

(dann wieder zu Nathanael)

Wir fühlten uns so fremd hier in Manhattan. Und ich habe nie etwas getan, das ich nicht hätte tun dürfen. Die Überzeugung zählt für mich.

Gero: (schaut hinter dem Tuch hervor und zieht Lea zu sich) Wo bleibst du? Komm schon her.

Vincent: (zu Nathanael) Haben Sie jetzt Zeit für mich? Ich bin auf der Suche und muss noch mit Ihnen reden…über…

Nathanael: Ich möchte, dass Sie gehen.

Lea: (tritt mit Gero hervor, den sie noch umarmt) Ich suche auch und bin bald zuhause.

(zeigt nach oben)

Und die Badewanne läuft voll.

Vincent: Welche Badewanne? Übertreiben Sie nicht etwas?

Lea: Na, der Staudamm über uns. Und Sie wissen, dass ich nicht übertreibe.

Vincent: Das klären wir gemeinsam, ob der hält.

(Lea und Gero lösen sich voneinander.)

(Lea küsst Vincent auf die Stirn.)

Lea: Du bist ein ganz feiner.

(Lea stellt sich neben Vincent.)

Nathanael: Ich will, dass Sie jetzt gehen. Ich bin hier zuhause. Gehen Sie alle weg.

(Gero stellt sich neben Vincent und berührt ihn.)

Lea: Ist ja schon gut. Ich komme bald wieder. Es wurde mir versprochen.

(zu Gero) Das ist doch so, oder?

Gero: Ich kann gerade gar nichts dazu sagen, ich bin noch so beindruckt von deiner Darstellung. Wie heißt du?

Nathanael: Es kann nichts versprochen werden, da Sie nicht dazugehören. Gehen Sie nun endlich. Sonst schrei ich.

Lea: Jom Kippur ist jetzt vorbei und Sukkot auch. Ich bin Lea.

Nathanael: Ja. Und?

Lea: Sind die Jungs noch da?

Nathanael: Ja.

Gero: Reiche ich dir nicht?

Lea: Die möchte ich alle wiedersehen.

Nathanael: Wiedersehen?

Vincent: Dann bis morgen.

(zu Gero:) Ihr Hals ist ja beeindruckend. Wie kommt das?

Gero: Das passiert einfach, weil der Kopf immer schwerer wird.

(Gero geht von Vincent ab.)

Nathanael: (zu Vincent) Sie auch?

Vincent: Ja. Ich habe so viele Fragen. Nur der Regen drückt mir so aufs Gemüt.

(Musikeinsatz)

Nathanael: (zu Gero, Kenan und Trutz) Kommt her. Ganz nah. Ich habe Angst.

(Nathanael, Gero, Kenan und Trutz sind eng umschlungen, alle angstvoll und wie beobachtende Erdmännchen, im Mittelpunkt dabei Nathanael; Lea und Vincent schauen auf die Gruppe und berühren sich.)

Lea: Die sind wie Kuscheltiere. Ich finde die einfach niedlich. Die gefallen mir. Was ist hinter den Fenstern, gibt es da noch mehr?

Vincent: Ganz koscher ist mir das nicht.

Lea: Koschere Kuscheltiere. Das klingt gut.

(Licht aus)

(Musikeinsatz endet)

9. Nah und verhangen

(Trutz küsst Gero. Erst verhalten dann intensiver. Vincent küsst Lea. Erst verhalten dann intensiver. Nathan und Kenan necken sich und laufen dabei hin und her. Erst verhalten dann intensiver.)

(Währenddessen hängt Nathanael Kleider auf oder bietet ihnen welche an bis alle bedeckt oder verdeckt sind.)

10. Eindringlinge

(Gero, Kenan, Trutz und Nathanael sammeln die hängenden Tücher ein und eröffnen den großen Raum; es wird eine sehr lange Tafel sichtbar und ganz am Ende eine weitere Ebene; Gero, Kenan und Trutz decken die Tische mit den Tüchern ab und legen einige zusammen; diverse Kleider hängen, gespannte Seile sind erkennbar.)

(Nathan und Vincent treten oben auf.)

Nathanael: (sieht Nathan und Vincent) Oh nein. Die schon wieder.

(zu Gero, Kenan, Trutz) Heute Abend wird richtig gefeiert. Es wird Zeit. Ich lege mich hin, Ihr könnt derweil ein paar Kunststücke einstudieren. Ich werde mir ein neues Motto für den Abend ausdenken.

Kenan: Und welches?

Nathanael: Ich sagte Ausdenken. Das meint, dass es noch nicht gedacht ist.

(Nathanael tritt ab.)

(Gero, Kenan und Trutz beginnen mit der Entwicklung einiger beeindruckender Kunststücke.)

(Vincent und Nathan schauen zu.)

Vincent: (zu Nathan, zeigt auf Gero) Hast du gesehen, was der für einen Hals hat? Der blockt alles ab und weiß gar nicht, wie verletzlich er dort ist.

Nathan: (zu Vincent, zeigt auf Kenan) Hast du gesehen, wie beweglich der ist? Der meint allem auszuweichen und kann nicht weg.

Kenan: (verärgert) Was wird da geredet? (zu Nathan) Wieder ein Paket, das du nicht bringen willst?

Nathan: Nein, die sind alle aufgeweicht. Der Weg wird immer beschwerlicher. Ich bin fast mit dem Wagen auf der Strecke geblieben. Der Boden ist so weich. Gerade die letzten Meter. Da wurde wohl gespart. Es ist in den Wagen hineingetropft. Zum Glück nicht da, wo ich sitze. Die Ladefläche trug schon ordentlich Wasser, wie mein eigener kleiner Staudamm. Als ich die Tür öffnete ist es mir entgegengelaufen. Als ob der Damm gebrochen wäre. Was sollte ich mit den Paketen anstellen? Ich habe mich drauf gestellt, um zu sehen, ob alle Pakete betroffen waren. Nicht alle, nur die unteren, die direkt im Wasser lagen, haben ordentlich etwas abbekommen.

Kenan: Und das sind Nathanaels. Habe ich Recht? Was willst du dann hier?

Gero: (zieht Kenan zurück) Lass gut sein, der will dich nur provozieren.

Trutz: Das hat er wohl auch geschafft.

(Gero und Trutz stellen sich vor Kenan; dieser versucht wieder nach vorne zu gelangen.)

Kenan: Dann geh endlich und komm nicht mehr her.

Vincent: Nun mal ruhig.

Nathan: Ich muss euch unbedingt etwas erzählen. Kennt Ihr die Geschichte von dem Knopf, der irgendwann nur noch an dem seidenen Faden hing?

Kenan: Der macht mich rasend. Jetzt reicht es.

(Trutz hält Kenan fest.)

Trutz: (zu Nathan) Geh jetzt besser. Ich kann den nicht mehr lange halten.

Gero: (zu Nathan) Und dann sind wir alle oben. Was ist mit dem Knopf? Oder geht die Geschichte gar nicht weiter?

Nathan: Doch. Doch. Die Frage ist nur: Wie fängt sie an?

Vincent: Das wird mir gerade zu unübersichtlich. Ich schau mir mal die Turbinen an. (geht ab)

Nathan: Ich will nicht mit denen alleine sein.

(bellt wieder)

Kenan: Dann sag doch, wie sie anfängt.

Gero: Bevor wir dir den Mund zunähen.

Trutz: Er meint knöpfen.

Nathan: Ich dachte schon, Ihr habt kein Interesse an der Geschichte. Seid nicht bereit genug, sie zu hören. Wollt lieber eure Kunststücke vorbereiten.

Dennoch bin ich jetzt bereit, wenn Ihr mir euer Ohr schenkt.

(Pause)

Mehrfach vernäht und verbunden. Der Faden so dick und zusätzlich verstärkt. Also das war ein großer Knopf. Aus Perlmutt. Aus einer Muschel herausgeschnitten. Mit seinem feinen Schimmer ließ er festliche Garderobe noch mehr erstrahlen. Dabei verband er genauso gut wie ein Holzknopf. Er leuchtete, wenn das Sonnenlicht darauf schien. Im Dunkeln verlor er diese Kraft…

(Währenddessen geht die Lampe aus.)

(Vincent kommt wieder hinzu.)

(Nathanael tritt auf.)

Kenan: (zu Nathanael) Warum schläfst du nicht?

Nathanael: Ich konnte nicht und habe endlich das Motto für unser Fest gefunden. Habt Ihr etwas Schönes einstudiert?

Gero: (zeigt auf Nathan und Vincent) Wir sind nicht dazu gekommen. (zu Nathan) Erzähl schon weiter.

Nathan: (zu Nathanael) Sind Sie Nathanael Nachname?

Kenan: Er hat kein Paket. Was macht er sich solche Mühe?

Trutz: Ist wohl aufgeweicht. Und der andere hat immer noch nicht gesagt, was er will und war plötzlich wieder weg.

Kenan: Jetzt ist er wieder da.

(Nathanael winkt ab.)

Nathanael: Ist der Punkt an?

(Gero, Kenan und Trutz schauen zu der Lampe, die nicht leuchtet.)

Nathanael: Was ist? Ist der Punkt an?

(Gero, Kenan und Trutz schütteln den Kopf.)

Gero: Nein.

Nathanael: Hört Ihr schon irgendetwas?

Kenan: Was sollen wir hören?

Vincent: Legt die Ohren an die Wand. Ganz nah.

(Gero, Kenan und Trutz legen ihre Ohren an die Wand und versuchen, angestrengt zu hören.)

(Auch Nathan und Vincent versuchen zu hören.)

Trutz: Da ist nichts.

Gero: Vielleicht höher.

(Die drei Männer setzen ein bewegliches Gerüst ein und versuchen weiter oben an der Wand zu horchen.)

(Musikeinsatz Spieluhr)

Trutz: Da ist etwas.

Kenan: Da ist Musik.

Nathanael: Das kann nicht sein.

Kenan: Ich hör es doch. Das kommt aus dem Zimmer.

Nathan: Ich höre nichts. Da ist keine Musik.

Gero: (greift durch ein Fenster in das Zimmer) Ist aus.

(Musikeinsatz endet)

Nathanael: Ist der Punkt an?

Trutz: Nein.

Nathanael: Dann müsst Ihr doch etwas hören.

Kenan: Vielleicht sprechen deine Wünsche, die du in die Mauerritzen gesteckt hast. Es würde reichen, wenn sie in Erfüllung gehen, oder?

Nathanael: Tun sie ja nicht, der Punkt ist aus.

Gero: Da ist was.

Trutz: Ich höre es auch. Es ist so ein Rauschen. Ich bin so schlecht im Beschreiben.

Kenan: Mehr ein Strömen.

Trutz: Ja stimmt. Obwohl, da ist noch etwas.

Gero: Das klingt wie ein Brummen und Kämpfen.

Kenan: Eher wie ein Drehen und Entgegensetzen.

Trutz: Wie ein Spülen und Kapitulieren.

Nathan: Jetzt höre ich auch etwas. Was ist das?

Vincent: Die Turbine zum Wasserweghalten ist defekt. Sie brennt durch.

(Rauch kommt aus einigen Fenstern.)

Nathanael: Na seht Ihr? Die Lampe ist aus.

Gero: Das ist mein Zimmer.

Kenan: Das war dein Zimmer.

Trutz: Ich kann da auch nicht mehr hin. Der Zugang ist versperrt.

Kenan: (versucht das Fenster zu nehmen) Ich komme da nicht durch.

Trutz: Was ist passiert?

Nathan: Knopf hin oder her. Der Staudamm ist hin. Zumindest ein Teil. Immer wenn ich an der Mauer entlang gefahren bin, dachte ich: Wie lange hält das Drecksding dem Regen stand? Das Becken war aber auch voll.

Vincent: Ich kann meine Untersuchungen auch morgen fortsetzen. Da gehe ich geschmeidig einfach unter dem Regen durch und bin bald zurück. War mir eine Freude.

Nathan: Und mir erst. Ich habe auch noch den Wagen mit Paketen voll. Aber ich befürchte...

Vincent: Was befürchtest du?

Nathan: Oh nein, ich will hier nicht…

Vincent: Was willst du nicht?

Nathan: Hier kann ich nicht mehr lang. Wie sieht es bei dir aus?

Vincent: Genauso. Alles dicht.

Nathan: Das Wasser drückt gegen die Türen. Deshalb sind die Maschinen auch so stark.

Kenan: Waren so stark.

Vincent: Und was machen wir jetzt?

Trutz: (verändert plötzlich seine Stimmung) Zusammenrücken. Wir sollten uns jetzt mal alle so richtig kennenlernen. Ich bekomme jetzt Lust. Keine Ahnung worauf.

Nathan: Ich kann doch nicht mit diesem Nathanael Nachname.

Vincent: Oh nein, ich hatte letztens schon Ärger, weil ich zu spät war. Und wie erklär ich nun das?

Kenan: Nun kommt mal herunter. (zu Nathan) Spring mir direkt in die Arme. Ich fange dich schon.

Nathan: Kein Stück näher komme ich.

Vincent: Ich bleibe nicht hier oben.

Gero: Auf einmal, erst nicht auf Augenhöhe sein wollen und jetzt die Geborgenheit suchen. Los, komm her.

Nathan: Da bleibe ich lieber hier.

Kenan: Du weißt schon, dass der Staudamm über uns ist?

Nathan: Ja und?

Trutz: Wo kommt das Wasser zuerst durch?

Nathan: (schaut sich um) Überredet. Ich bleibe aber nur eine Viertelstunde.

Vincent: So ein Schwachsinn. Das wird Stunden dauern.

(Trutz hilft Nathan und Vincent herab.)

Gero: (hilft mit) Komm her.

Nathanael: Sie können ja zum Feiern bleiben.

Kenan: Wir waren in den Vorbereitungen. Das wird ganz gemütlich bei uns.

Gero: Eine richtig schöne Feier. Nathanael hat Purim hier unten verpasst und das geht nicht. Da seid Ihr gerade richtig.

Trutz: So ganz harmonisch. Und intim. Da geht mal was durch so ganz ohne Fenster und wenn man die Zeit verliert.

Nathan: Haben Sie Katzen oder Ratten, weil das Wasser sie aus den Rohren drückt?

Kenan: (will wieder angreifen) Was soll das jetzt schon wieder? Das geht ja eigentlich gar nicht, immer wieder anzuecken.

(Gero und Trutz halten Kenan zurück.)

Nathan: Da hat sich doch etwas bewegt.

Trutz: Wo?

Nathan: Na, da hinter den Kleidern.

Gero: Was soll sich da bewegen?

(Gero zieht einige Kleider weg und schaut dabei zu den anderen.)

Gero: Und hier soll etwas sein. Ja?

Kenan: Ja.

(Lea erscheint)

(Gero erschrickt)

Nathanael: Das glaubt mir keiner.

Gero: Wieso?

Lea: Guten Abend.

Nathanael: Ich sag ja nichts, ich mein ja nur.

Gero: Was machst du hier, Lea?

Lea: Ich bin hier zum Feiern.

Kenan: Haben Sie eine Einladung?

Lea: Die brauche ich nicht. Die Wohnung wurde mir versprochen.

Nathanael: Von wem?

Lea: (zeigt auf Gero) Von ihm.

Vincent: Sie sind der Makler? Wer hat Sie beauftragt?

Lea: Das würde mich auch interessieren.

Nathan: Was für ein Makler? Das wird gemütlich.

Gero: Na, ich weiß nicht, obwohl…

Kenan: Ich finde schon, wir sind ja jetzt enger zusammen.

Nathan: Viel zu eng. Und das muss auch nicht sein.

Trutz: Das hat auch Vorteile.

Nathan: Und welche?

Lea: (zu Gero) Mittendrin. Hast du das nicht bei der Besichtigung gesagt?

Nathanael: Lasst uns feiern.

Nathan: Ich möchte nicht. Kann ich nicht einfach durch das Fenster…?

Kenan: Das wird schwierig. Es gibt hier keine, die nach draußen zeigen.

Nathanael: Habt Ihr eure Kunststücke nun einstudiert?

Gero, Kenan, Trutz: (unberechenbar) Das haben wir.

Nathanael: Ich freue mich so.

Vincent: Ich freue mich auch.

Trutz: Wir machen das so wie im letzten Jahr. Wieder voller Inbrunst. Und diesmal muss es ganz besonders werden.

Nathan: Ich war im letzten Jahr nicht dabei. Keine Ahnung, warum ich nicht eingeladen wurde. Doch bevor jetzt gefeiert wird…

Gero: Was soll dein Auftritt? Du solltest den Mund halten. Hast dich schon genug aus dem Fenster gelehnt.

Lea: Das hast du schön gesagt.

Kenan: Das denke ich auch. Was vergiftest du gutgemeinte Pläne?

Trutz: Wenn du dich aufbaust, hab ich dir mehr entgegenzubringen.

Nathan: Ich wollte nur eine Reinigung vorschlagen. Ihr habt so lange auf Wasser verzichtet. Und die Mauern scheinen dicht, obwohl der Staudamm das Wasser nun freigibt. Ihr habt ja an der Wand gehorcht und es kommen hören.

(Kenan will wieder auf Nathan losgehen und wird zurückgehalten.)

Nathan: Es bedarf keiner Worte, lasst mich nur machen.

(Nathan holt einen großen Bottich und stellt ihn auf.)

Trutz: Was hast du vor? Langsam wird es mir zu viel.

Gero: (zu Trutz) Siehst du. Jetzt ist es dir auch genug.

Kenan: Wenn da Wasser im Bottich wäre, wäre er längst unten drunter und nicht nur mittendrin.

Trutz: Denk nicht solche Gedanken.

Lea: Ich hätte jetzt Lust auf Schwimmen. Schaum brauche ich nicht.

Gero: Lea, halte dich jetzt zurück.

Nathan: Da muss jetzt Schaum rein.

Kenan: Wo soll jetzt Schaum herkommen?

Nathan: (zeigt auf ein Paket) In dem Paket da oben. Da ist welcher drin.

Gero: Woher weißt du, was sich in dem Paket befindet?

Nathan: Du bist ja lustig. Ich habe es schließlich gebracht.

Trutz: Es sind Nathanaels Pakete und gleich nehme ich dich mir zur Brust.

Nathan: Ich will den Bottich mit Schaum füllen. Damit Ihr baden könnt.

Lea: Das klingt doch gut. Nur Schaum…

Kenan: Du wirst hier gar nichts ausfüllen.

(Gero will Nathan schlagen, Kenan mischt sich ein, Trutz stoppt ihn.)

Nathan: Dann mache ich es später. Ich erinnere mich genau, in welchem Paket der Schaum verborgen ist. (zu Lea) Und die würde ich gerne auch im Schaum baden sehen.

(Licht aus)

(Musikeinsatz)

(Projektion von Regen)

(Nathanael wird von Gero, Kenan, Trutz und Nathan in ein Tuch eingerollt.)

11. Kokon

(Gero, Kenan und Trutz tragen Nathanael in einem Tuch und hängen ihn kichernd an einem Seil mit Klammern auf.)

(Nathan, Vincent und Lea befinden sich in den Seilen.)

(Nathan kämpft körperlich und stimmlich gegen die Seile.)

(Musikeinsatz endet)

Lea: War das der Schneider, der im Tuch verhüllt nun weggetragen wird? Dann steht meinem Einzug wohl nichts mehr im Wege.

Vincent: Das glaube ich nicht. Wir sind allein, also kann ich offen sprechen…

Lea: Das ist alles so unübersichtlich. So verworren und abhängig.

(Trutz kommt hinzu.)

(Vincent berührt Trutz.)

Vincent: Hast du nicht auch etwas zu sagen?

Lea: Jetzt rede ich erst einmal. Was hat die Recherche ergeben?... Ich habe dich bezahlt…Wann kommen die Ergebnisse?...Hast du ihm das Foto gezeigt?

Vincent: Das habe ich.

(Pause)

Lea: Was hat er gesagt?

Vincent: Ja klar. (über Trutz) Wir sollten ihn nicht außer Acht lassen.

Lea: Ja klar?

(Gero und Kenan kommen hinzu.)

Lea: Schön, dass Ihr wieder da seid. Was macht Ihr da?

Kenan: Nathanael will, dass wir das Fest vorbereiten.

Lea: Nathanael? Habt Ihr ihn nicht gerade weggetragen?

Trutz: Ja und? Er wollte den Spaß.

Lea: Welchen Spaß?

Gero: Er wollte, bis es losgeht, abhängen. Langsam mag ich ihn.

Lea: Abhängen?

Trutz: Ja, abhängen…

(Gero, Kenan und Trutz gehen erneut zu Nathanael.)

(Gero, Kenan und Trutz entfernen eine Klammer nach der anderen.)

Gero: (zu Kenan) Du bist dran.

Kenan: Ich habe nicht gesehen, dass du schon eine Klammer entfernt hast.

Gero: Ach, ich dachte, nach Trutz bist du an der Reihe.

Kenan: Nein, es fällt auf, dass du immer etwas anders denkst.

Gero: (will Kenan angehen) Was meinst du?

Nathanael: Ich will gerne herunter. Könnt Ihr das vertagen?

Trutz: Ja, das sollten wir. Ich mache einfach weiter.

Gero: Du bist nicht an der Reihe.

Kenan: Bin ich dran?

Trutz: Ich lasse dir den Zug.

Nathanael: Wer ist denn jetzt der Nächste?

Gero: Na, ich.

Kenan: Also doch.

(Gero beginnt die nächste Klammer zu entfernen, dann Kenan und Trutz wiederholend bis Nathanael, bei spontanen Kommentaren, hinunterfällt.)

Nathanael: Das wurde auch Zeit. Das ist gutes Tuch.

(Nathanael bewegt sich ungewöhnlich mit dem Tuch durch den Raum.)

Kenan: (meint Nathanael) Was ist mit ihm?

Gero: Lass ihn. Der muss sich fangen.

Lea: Was Ihr euch alles einfallen lasst. Männer, ich bin so beeindruckt. Wo Ihr nun alle so schön beisammen seid, eröffnet sich für mich die Chance, euch nur eine Frage zu stellen...

Nathan: Wann kann ich wieder herunter?

Lea: Diese Frage interessiert jetzt nicht.

Trutz: Um welche Frage geht es?

Nathan: Ich würde nur gerne die Geschichte mit dem Knopf weiter erzählen...

Gero: Das passt jetzt nicht.

Nathanael: Dafür gibt es später die Gelegenheit. Wir haben ja noch das Motto.

Kenan: Und wie lautet es in diesem Jahr?

Vincent: (zu Nathanael) Kann ich Ihnen das Foto nochmal zeigen? Ich hänge nur gerade fest.

Lea: Wer wusste davon, dass der Staudamm bricht?

(Alle schauen zu Nathan.)

Kenan: (zu Nathan) Du hast es vorhin erwähnt.

Nathan: Ich habe gesehen, wie der Staudamm sich fortwährend im Regen füllt und die Mauer ächzt. Sie war so prall gefüllt. Dem Bersten nah. Wäre ich hierhergekommen, wenn ich es gewusst hätte?

Lea: Wer hat den Makler beauftragt, der mir genau dieses Objekt angeboten hat?

Trutz: Ich hole ihn erst einmal runter.

(Trutz löst Nathan aus den Seilen. Nathan fällt erschöpft Trutz entgegen.)

Nathanael: (zu Lea) Sie fanden es doch schön.

Lea: Ich wollte nie hierher.

Trutz: Draußen regnet es in Strömen, der Damm ist gebrochen, das Wasser drückt entgegen und uns zusammen. Wir haben Zeit, die Fragen zu klären.

Gero: Das stimmt schon. Es wurde mir eine Feier versprochen. Was ist nun mit Purim?

Kenan: Er hat Recht. Es gleicht einem Wunder, dass wir hier noch zusammen sind.

Nathanael: Ich will ab jetzt keine Trauer hören und kein Fasten mehr spüren. Ich will jetzt die Kunststücke! Los!

(Musikeinsatz, Filmeinsatz)

(Gero, Kenan, Trutz binden Nathan ein und präsentieren gemeinsam Eindrucksvolles.)

(Vincent unterbricht den Einstieg.)

Vincent: Ich muss da nochmal nachfragen…

(Musikeinsatz endet)

(Filmeinsatz endet)

Nathanael: Was müssen Sie nachfragen? Ich will feiern und habe die Kammer voller Kleider.

(zeigt auf ein Paket im Regal.)

Das wird euch gefallen. Es ist erst gestern gekommen.

(Trutz klettert ins Regal und holt das Paket.)

Nathan: Das stimmt nicht. Ich habe es bereits Tage davor gebracht und schon eine Woche vorher herum gefahren. Wollte es dir direkt übergeben. Der Wagen steckte im Regen fest und ich traute mich nicht, es dir zu erklären.

Kenan: Ich will deinen Plan nicht erfahren. (zu Trutz) Mach es auf.

(Trutz öffnet das Paket, zeigt sich begeistert und verteilt den Inhalt an Gero, Kenan und Nathan.)

(Gero, Kenan, Trutz und Nathan ziehen sich Rollschuhe an.)

(Lea, Nathanael und Vincent schauen zu.)

Lea: Kann ich zwischendurch mal erfahren, wann wir in meiner Sache weiterkommen?

Kenan: In welcher Sache?

Lea: Na, wer den Zusammenbruch wusste und den Makler schickte.

Vincent: An der Sache bin ich ja gerade dran.

Nathan: Eine interessante Frage, die wir unbedingt klären sollten, obwohl ich gerade nicht verstehe, warum diese eine Bedeutung hat, dennoch sollten wir uns fragen, das ist eine Frage…

Gero: …die jetzt noch Zeit hat.

(Gero beginnt mit dem Rollschuhfahren.)

(Gero, Trutz und Nathan genießen und beeindrucken auf ihren Rollschuhen, umfahren auch eng Nathanael, Vincent, und Lea, die auf dem Tisch stehen. Kenan schaut neidisch zu.)

(Musikeinsatz)

Nathanael: (zu Vincent) Wo wir hier gerade zusammenstehen. Wer sind Sie eigentlich?

Vincent: Ich bin Vincent.

Nathanael: Ein Winzer?

Vincent: Nein, Vincent.

Nathanael: Und der Beruf?

Vincent: Ich suche und frage mich, warum wir hier sind.

Nathanael: Na, Sie sind ja mutig. Stehen mittendrin. Sie haben mir doch die Fragen gestellt und sollten die Antworten kennen.

Vincent: (übertrieben) Was?...Ich habe Sie gefragt, ob Sie etwas auf dem Foto erkennen. „Haben Sie das schon mal gesehen?"

Nathanael: Und ich habe „ja" gesagt.

Vincent: Nein. Sie haben „ja klar" gesagt. Das bedeutet, dass es Sie nicht überrascht.

(hektisch) Immer alles so kompliziert.

Nathanael: Hat es ja auch nicht.

Vincent: Und warum?

(zieht das Bild erneut und deutet hin)

Da ist doch ein Riss in der Staudammwand.

Nathanael: Ja, aber doch kein großer.

Vincent: Offensichtlich so groß, dass jetzt das Wasser nicht mehr in der Badewanne ist, sondern an die Tür drückt.

Lea: Sie haben eine Badewanne hier? Dann könnte ich doch jetzt...

(Gero, Kenan, Trutz und Nathan umkreisen Nathanael und Vincent.)

Vincent: (zu Lea schroff) Das meine ich nicht. (zu Nathanael) Das Wasser ist um uns herum. Also zum Feiern ist mir jetzt nicht zu Mute.

Lea: Dann kommt doch mal zu mir. Habe ich euch schon erzählt, dass ich einmal heimlich im Staudamm gebadet habe, als das Mondlicht sich spiegelte?

(Gero, Kenan, Trutz und Nathan fokussieren sich jetzt stärker auf Lea.)

Es war so still...es war so still...

(Gero, Kenan, Trutz und Nathan bleiben stehen.)

Nicht so wie in Manhattan und keiner schaute zu...keiner schaute zu...

(Gero, Kenan, Trutz und Nathan wenden sich von Lea ab.)

Das muss ich euch noch unbedingt erzählen.

(Gero, Kenan, Trutz und Nathan ziehen die Rollschuhe wieder aus und werfen diese in den Karton zurück.)

(Musikeinsatz endet)

Kenan: Was ist jetzt mit dem Motto?

Gero: Ach ja, wie lautet es?

Trutz: Im letzten Jahr war es „Regentropfen" und ich habe am Ende geweint.

Nathan: Da war ich nicht eingeladen.

Kenan: Das wissen wir schon.

Nathanael: Tanz.

Gero: Was, Tanz?

Nathanael: Ist das Motto.

Nathan: Dann kann ich die Geschichte mit dem Knopf wohl vergessen.

Kenan: Ich kann nicht tanzen.

Trutz: Damit fangen wir an. Erzähl davon.

Kenan: Was? Irgendwie ist die Stimmung gerade so gedrückt…Also gut.

(Pause)

Ich bin ein leidenschaftlicher Tänzer, ich liebe es...den Tanz zu lieben. Was erzähle ich gerade?...Es ist ganz einfach, man muss nur die Füße benutzen.

(zu Trutz) Kannst du mir helfen?

(Trutz ergreift die Hand von Kenan.)

(Pause)

Es beginnt meist mit einem Fuß. Dem linken oder dem rechten. Das kommt darauf an. Man kann auch die Arme einsetzen. Darauf gehe ich später ein.

(zu Trutz) Kannst du wieder weggehen?

(Trutz lässt die Hand los und entfernt sich.)

Ich habe mir mal die Beine gebrochen. Ich übertreibe. Es war nicht ganz so schlimm. Ich kletterte über den Vorsprung. Die Mauer war gar nicht so hoch. Langsam, fast tänzerisch, wollte ich mich an der Wand herunterlassen. Ich war nicht konzentriert, also rutschten erst die Hand weg und dann der ganze Körper hinab. Ein Bein zog ich noch zurück. Das sah so bewusst, so kontrolliert aus. Aber das andere. Es fing alles ab. Und da zerbrach es. Es setzte erst auf und sackte dann zusammen. Konnte nicht mehr alles tragen.

(zu Trutz) Kannst du mir helfen?

(Trutz lehnt ab.)

Jetzt ist alles wieder gut, aber das Tanzen trau ich mir selbst noch nicht - zu...sammentanzen ist schön.

Wenn einer da ist. Ich war allein, deshalb zerbrach es auch. Aber eben nur eins. So kann ich es nur andeuten. Immerhin.

Stepptanz ist meine Stärke nicht. Es erfordert zwei Füße, obwohl...es macht eigentlich der Schuh und den hab ich nicht. Es würde ja schon einer reichen. Ich fang mal quasi an. Die Fläche aufsetzen.

Damit meine ich die Unterseite des Schuhs. Einfach eine Verbindung zwischen Sohle und Boden aufnehmen. So kann es gehen. Man muss sich das jetzt mit Geräusch vorstellen, es fehlt mir die Platte. Die würde dann auf den Boden schlagen, die zerbricht nicht und jetzt würde ich es ja auch wollen, dass sie aufprallt. Aber ich habe ja keine und mit meinen gebrochenen Beinen, einem Bein, ist ja schon eine Weile her, aber der Kopf, denkt noch dran an den Fall und Bruch...Und jetzt kommen die Arme dazu, ich habe es eingangs schon erwähnt und vielleicht sind die Arme auch stattdessen, weil ich die Beine, also das eine Bein in fehlenden Schuhen...und dann machen die Arme den Ton.

(Gero tritt zu Kenan.)

(Filmeinsatz, diverse Stepptanzproben ohne Ton.)

(Gero setzt Stepptanz ein, Kenan versucht gegen die Geräusche anzukommen.)

Auch das kann ich mal vorführen. Bei dem Sturz damals ist jedoch meine Schulter..., also nicht die Schulter direkt...mehr der Arm, der eine...der andere ist in Ordnung…zu Schaden gekommen. Bei kreisenden oder wiegenden Bewegungen spür ich es noch, zumindest auf einer Seite.

Schön, dass du da bist, Gero, kannst du mal bitte das zeigen, was ich im Kopf spüre.

(schaut einen Moment zu)

Ich könnte es selbst und bin ein leidenschaftlicher Tänzer, ich liebe es…den Tanz zu lieben. Es ist ganz einfach, man muss nur die Füße benutzen. Und die Arme. Du kannst es wohl auch, bist doch aus Manhattan, wo das Steppen, weil da ja der Broadway dazugehört…

(wippt etwas dazu)

Das ist, was ich meine. Ich bin froh, dass ich es noch kann.

(Kenan tränennah, während Gero noch präsentiert.)

(Filmeinsatz endet)

(Licht aus)

(Licht an)

Nathan: Kann ich jetzt? Die Sache mit dem Knopf, Schneider?

Nathanael: Das hat Zeit. Gero oder Trutz? Ich will mehr Geschichten.

Gero: Trutz kann es machen.

Trutz: Gut. Dann eben ich. Kommt nah heran. Setzt euch. Steh auf, Gero. Gib mir eine Backpfeife.

Gero: Ich kann das nicht.

Trutz: Nun mach schon.

(Gero schlägt sanft zu.)

Trutz: War das alles? Schlag zu.

(Gero schlägt stärker zu.)

Trutz: (schaut Gero lange an, der sich wieder hinsetzt) Das war hart.

Die habe ich von meinem Vater genau so bekommen. Sie brannte wie diese jetzt. Ich forderte einen Jungen auf, der seine Schwester mit Steinen beworfen hat, auf einem Seil zu balancieren. Es war in vielleicht vier Metern Höhe zwischen zwei Bäumen gespannt und ich sagte zu dem Jungen: Wenn du es schaffst, den ganzen Weg zu gehen, wie ein Seiltänzer zu sein, dann hast du richtig gehandelt, als du deine Schwester so angegangen bist. Wenn du dich nicht halten kannst, dann wirst du das nie vergessen, was du da getan hast und es wird dir eine Lehre sein. Der Junge lief los, es sah für mich aus, als ob er tanzte…Ich denke, Ihr wisst was geschehen ist. Mein Vater war außer sich und schlug nur einmal zu und sagte: Ist das die Moral, die ich dir vermitteln wollte? Entspricht diese unserem jüdischen Gesicht? An Purim hatten wir keine Gelegenheit darüber zu sprechen. Später auch nicht mehr. Den Jungen habe ich irgendwann wiedergesehen. Er hat mir am Jom Kippur vergeben.

(Trutz geht währenddessen auf einem Seil, Kenan und Nathan halten ihn an beiden Armen.)

Lea: (greift Trutz am Fuß) Was hast du getan?

Trutz: Ich habe den Makler angesprochen.

Lea: Was? Was denn noch alles?

Gero: (mischt sich ein und zu Lea) Weil es darum ging, diese Wohnung schnell zu vergeben. Mach nicht so einen Wind. Lass uns lieber tanzen oder schwimmen gehen. Die Jungs können alle mitkommen.

Lea: (völlig außer sich) Ich mach jetzt richtig Wind. Das ist weit mehr als ein laues Lüftchen. Eine Wohnung, die Gefahr läuft, vom Wasser überlaufen zu werden, weil ein riesiger Staudamm direkt einfach über uns auseinanderfällt.

Vincent: Der ist nicht einfach auseinandergefallen. Der hatte einen Riss und nicht erst seit gestern.

Lea: (hysterisch) Halt die Klappe. Wo jeden Moment hier alles vollläuft, alles geflutet wird, uns das Wasser nicht nur an den Fesseln herumspült, sondern uns ganz und gar wegspült, ich nicht einmal die Möglichkeit habe, aus der Badewanne zu steigen, wenn ich hier unten einfach nur gemütlich ein Vollbad nehmen möchte, genau das Szenario, wo mir dieser Makler (zeigt auf Gero) Sorge bereitet hat, weil der Punkt nicht mehr an ist.

Vincent: Bist du jetzt fertig?

Lea: (schreit ihn an) Ja, ich bin fertig.

(Licht aus)

12. Fest - Zweiter Versuch

(Nathanael verpackt sorgfältig das letzte kleine Paket; den Inhalt hat er aus einem größeren mit der Aufschrift „18" genommen und aufgeteilt, alle anderen stehen aufgereiht an der Wand und versuchen, diese nach oben zu erklimmen.)

Lea: (zu Nathanael von der Wand aus) Es tut mir leid. Ich habe das Fest gestört.

Nathanael: Es gab zu viel Wein.

Lea: Wir haben nicht einen Schluck getrunken.

Trutz: (von der Wand aus, bläst in eine Tröte) Was machst du?

Nathanael: (zeigt auf die kleineren Pakete) Könnt Ihr das verteilen?

Kenan: Es regnet in Strömen, seit Tagen.

Nathanael: Ist der Punkt an?

Kenan: Die Lampe brennt längst nicht mehr. Was ist los mit dir?

Nathanael: Am besten direkt an die Nachbarn.

Nathan: Es gibt hier keine und wir können nicht raus.

Nathanael: (schreit) Fällt euch nichts ein?

Gero: (macht sich breit) Dann gib sie uns. Wir sind die einzigen Nachbarn.

(Gero, Kenan, Trutz und Nathan lösen sich von der Wand und strömen auf Nathanael zu.)

(Nathanael drückt erst Gero und dann Kenan beiseite, die nach vorne drängen wollen.)

Nathanael: (schiebt das Paket an Trutz herüber) Mach es auf. Es sind zwei Speisen drin.

(Gero, Kenan und Nathan verharren und warten ab.)

Trutz: (öffnet das Paket) Oh Schokolade und…Schokolade.

Nathanael: Das ist eine andere Sorte und beide koscher.

Kenan: (nimmt sich auch ein Paket) Unter den Umständen gilt das für Purim.

(Gero streicht Trutz über den Kopf; Kenan missfällt das und ergreift die Hand von Lea.)

Nathanael: Jetzt ist es endlich wieder feierlich. Zieht euch etwas Schönes an. Etwas gemütliches, Ihr müsst ja nicht die Straßenkleidung tragen.

(Gero, Kenan, Trutz und Nathan ziehen sich um.)

Nathanael: (fordert Vincent und Lea auf) Da hängt noch mehr.

(Vincent und Lea binden sich in das Umziehen ein.)

Nathanael: Gefällt euch das? Schneiderhandwerk. Keine Meterware.

Trutz: Ja, es ist so weich. Was verwendest du für einen Zwirn?

Nathan: Es fühlt sich gut an. Wie sehe ich aus?

Gero: Na ja. Es geht. Das steht mir, oder?

Lea: Ja, außerordentlich gut. Gefalle ich dir auch?

(Alle haben an der langen Tafel Platz genommen.)

Kenan: Im letzten Sommer konnten wir raus.

Nathanael: (schreit) Diesmal nicht. Ist der Punkt an?

Gero, Kenan, Trutz: Nein, er leuchtet nicht mehr.

Nathanael: Braucht Ihr Besteck für das Essen?

Gero: Ich denke nicht. Das geht so.

Kenan: Gibt es noch etwas anderes?

Nathanael: Nein.

Trutz: Vielleicht etwas zum Trinken?

Nathan: (zeigt auf ein Paket in einem Regal) Da müsste etwas drin sein, ist letzte Woche gekommen.

(Trutz klettert auf das Regal und wirft das Paket Kenan zu.)

(Kenan öffnet das Paket und wirft die Flasche Gero zu.)

Lea: Koscher saufen ist nicht leicht.

Trutz: (nimmt die Flasche ab, verteilt kleine Gläser und füllt diese) Ich kenne das. Dieses Getränk aus

Wein destilliert, der erst im vierten Jahr geerntet, ohne weitere Hefe versetzt und nur mit Aktivkohle anstatt Gelatine geklärt. Ernte und Keltern wurden überwacht...

Lea: Was Ihr alles wisst Jungs. Erzählt mir ruhig mehr.

Nathanael: (hebt als erster das Glas) Lachaim.

Kenan: Auf das Leben.

Trutz: Ja. Auf das Leben.

Nathan: Offensichtlich nicht gut genug überwacht...Und von mir ausgetrunken, als ich am Staudamm wartete und auf das Wasser blickte. Ein gutes Zeug. Was für ein Glück, dass ich aus anderen Paketen die Flasche wieder auffüllen konnte.

Nathanael: (erkennt, dass das Getränk vermutlich nicht mehr koscher ist und reagiert schnell). Es ist nicht koscher.

Nathan: Was habt Ihr? Ich trink das schnell, wenn Ihr nicht wollt. Auf das Leben. Ich erzähl euch jetzt von dem Knopf.

Kenan: (schüttet Nathan den Inhalt seines Glases ins Gesicht) Das machst du nicht.

Nathanael: Sonst bekomme ich immer alles ab.

Vincent: Der ist noch nicht fertig.

(Licht aus)

13. Fest - Dritter und letzter Versuch

Nathan: Wie ist das mit dem koscher?

Kenan: Das ist ganz einfach. Geflügel ja, Raubvögel nein. Insekten fast immer nein. Austern, Hummer, Krebse nein. Wenn sie im Wasser mit Flossen und Schuppen leben ja. Paarzeher, gespaltene Klauen, Wiederkäuer und das immer bei und und nicht bei oder. Dann ja.

Kenan: (zu Vincent) Sag du.

Vincent: Das ist ganz einfach. Geflügel ja, Raubvögel nein. Insekten fast immer nein. Austern, Hummer, Krebse nein. Wenn sie im Wasser mit Flossen und Schuppen leben ja. Paarzeher, gespaltene Klauen, Wiederkäuer und das immer bei und und nicht bei oder. Dann ja.

Lea: Das Fleisch gesalzen und gewässert und nicht mit Milchprodukten gekocht oder gegessen.

Gero: Ich habe Hunger bekommen. Und mehr Durst habe ich auch.

Nathan: Da ist nichts mehr. Ich kenne ja den Inhalt aller Pakete.

Vincent: Nochmal zurück zu koscher. Was ist mit Hasen?

Kenan: Nein.

Vincent: Die gehören nicht dazu?

Kenan: Nein.

Vincent: Das muss ich dann später nochmal klären.

Gero: Das Fest ist bald zu Ende. Und in Feierlaune kommen wir nicht und irgendwie häufen sich die Fragen, die noch geklärt werden müssen.

Lea: Gutes Stichwort. Was ist mit meinen beiden Fragen? Wer hat den Makler beauftragt und wer wusste vom Zusammenbruch des Staudamms?

Nathan: Wann kann ich meine Geschichte mit dem Knopf zu Ende erzählen?

Vincent: Kann ich Ihnen das Bild jetzt noch einmal zeigen?

Trutz: Wie war das Motto noch gleich?

(Pause)

Nathanael: Das wird geändert. Als ich zum „Tanz" aufrief, wurde es nur noch traurig. Es ist Purim, da gibt es keine Traurigkeit

Kenan: Das verstehe ich. Er hat sich Gäste für Purim eingeladen. Wie lautet es jetzt?

Nathanael: Kuscheltiere.

Gero: Kuscheltiere? Das ist ja eher gemütlich und weniger frech.

Vincent: Das kommt auf die Kuscheltiere an.

Lea: (betrunken) Das finde ich gut und mache da mal gleich weiter mit dem lustigen Fest und meiner Einlage.

(zu Gero, Kenan, Trutz) Habe ich schon gesagt, wie niedlich ich euch finde? (zu Kenan) Du bist ein ganz Süßer. Ich könnte einmal quer über dein Gesicht lecken und dich danach im Arm schaukeln. (zu Trutz) Du bist ordentlich kompakt und hast gleichzeitig so eine niedliche Art, deine Haare zu kämmen. Mit dir würde ich gerne mal im Herbststurm durchs Maisfeld rennen oder im See mich ergeben. Nachmittagsregen macht mich so depressiv. Wenn wir gemeinsam dadurch gehen und den sanften Aufschlag spüren, ist das anders. (zu Gero) Du bist so ein Schöner. Und dein Hals. Wir lesen unsere Wünsche von den Augen ab und wenn ich schlechte Laune habe, schalte ich dich ein und wir tanzen durch den Spiegelsaal.

Muss die Geschichte wahr sein, die ich hier erzähle?

Nathanael: Ja und lustig.

Trutz: Das wusste ich nicht. Kann ich nachher nochmal?

Nathanael: Nein, dafür ist keine Zeit.

Lea: Ich mach mal weiter. (zu Trutz) Niedlich, wie du das fragst. Ich könnte euch Drei, Moment, meine Sammlung lässt sich vervollständigen...(entdeckt Nathan) nicht weglaufen. Du bist so verträumt, nicht nur im Aussehen. Denk nicht solche Sachen, sonst kommst du in die Kiste zu den ungeliebten Spielsachen. Ich stell dich mal deinen Freunden vor. Die sind nicht so eingeschränkt.

(Lea präsentiert Gero, Kenan und Trutz.)

Kuscheltiere warten immer nur ab und werden irgendwann gegriffen, wenn es passt. Lasst sie doch einfach leben. Wenn sie unbeobachtet sind führen sie ihr Eigenleben. Ich bevorzuge koschere Kuscheltiere und auch sonst.

Sie sind immer ehrlich, die beantworten mir immer das, was ich in meinen Gedanken frage und hören will. Die reagieren auf meine Stimmung. Kommt mal her. Ihr seid aber auch süß, obwohl Ihr hier und da schon Federn gelassen habt.

(zu Gero) Und du bist der Makler, ja? Warum hast du mich hierhergelockt und wer hat dich beauftragt?

Gero: Trutz wollte, dass ich das übernehme und Nathanael hat wohl einen Makler gesucht. Du suchtest ja einen Weg heraus aus dem lauten Manhattan.

Lea: Pst, das weiß ich doch längst. Das wurde mir zugetragen.

(zu Trutz) Was weißt du von der Sache?

Trutz: Gero ist mein Bruder und war gegen eine Gefälligkeit bereit, den Makler zu spielen.

(zu Kenan) Und du? Was trägst du in dir mit und muss jetzt raus? Komm spuck es aus.

Kenan: Als ich den Staudamm das erste Mal sah, dachte ich, er zieht mich hinein. Ich musste immer wieder her. Ich kannte das Becken, als es gerade fertiggestellt wurde und war neugierig. Es war dort, wo ich mir das Bein brach. Da war noch kein Wasser. Und seit dem Tag regnet es ununterbrochen.

(zu Nathan): Was treibt dich immer wieder her, jeden Tag? Wenn du böse bist, kommst du in die Kiste mit den ungeliebten Spielsachen.

Nathan: Ich gehöre da nicht hinein. Ich hätte die Wohnung auch gerne gehabt und kann mir diese nicht leisten. Wann kann ich die Geschichte mit dem Knopf erzählen?

Lea: (will Nathanael angehen) Das war alles deine Idee? Und du wusstest, dass der Staudamm zusammenbricht?

Vincent: Nein, das habe ich auch gedacht, als ich die Risse in der Mauer bemerkte und recherchierte.

Nathanael: Mir ist das zu stylisch hier. Ich möchte hinausschauen. Siehst du irgendein Fenster, das hier herausblickt? Dann geh ich lieber nach Manhattan. Ich habe dir vertraut, Trutz.

Lea: Was meint er?

Vincent: Nathanael musste seine Wohnung in New York verlassen und man riet ihm, doch besser hier unter dem Staudamm zu wohnen. Und irgendwann spült es ihn davon und jeder hat ihn vergessen. Nathanael wurde versprochen, dass hier alles solide und dauerhaft sei…

Trutz: …Er vertraute auf mich, einen Makler zu bestellen, der ihn wieder nach Manhattan holt, weil er lieber auf engstem Raum und in seiner jüdischen Gemeinschaft als in einem Loft in der Tiefe ohne Blick nach draußen lebt…

Vincent: …Es ging nur um einen Tausch und ihm war wichtig, dass das Licht immer an ist, für sich und andere.

Lea: Und jetzt?

Gero: Wird gefeiert. Es ist Purim für Nathanael. Und für uns.

Kenan: Was gibt es zu essen und zu trinken?

Nathan: Da ist nichts mehr. Ich muss es doch wissen.

Trutz: (holt ein Paket, öffnet es und stellt den Inhalt auf) Ich mach mal die Pakete auf. Hier ist nichts. Nur ein Kronleuchter und ein Vogelhäuschen. Vielleicht in dem anderen.

Kenan: (öffnet ein anderes) Hier auch nicht. Alles voller Schokolade. Koscher. Wollt Ihr welche? (wirft diese durch den Raum zu den anderen).

Gero: Ich will keine Schokolade. Verdammt, gibt es nichts anderes? (greift sich das nächste Paket und öffnet es). Leer. (greift sich das nächste und öffnet es) Leer. Was soll das?

Nathanael: Warum sollte ich mir noch etwas schicken lassen?

Nathan: (zeigt auf ein weiteres Paket) In dem müsste noch etwas drin sein.

Kenan: (greift das Paket und öffnet es) Also doch. Das ist doch nicht dein Ernst. Ich dachte, da ist etwas zum Essen drin. Ich habe Hunger. Ein Hase?

Vincent: Ich hatte früher einen Hasen als Kuscheltier. Der war niedlich und ich mochte ihn gern.

(Kenan zeigt den Hasen aus Stoff.)

Kenan: Wie hieß der Hase?

Vincent: Abraham. Ganz rosa und liebevoll frech. Der war dann nach einem Umzug weg. Er war nicht koscher hat man mir gesagt und ich bekam ein Schaf.

(Kenan zieht ein Schaf aus dem Paket.)

Manchmal denke ich noch, den Hasen zu sehen. An den unmöglichsten Stellen. Und ich höre ihn sprechen.

(Trutz greift sich beide Stofftiere.)

Trutz: (als Hase) Na, was erzählst du wieder?

Vincent: Bist du es, Hase?

Trutz: Du weißt schon, dass du mich vergessen hast.

Vincent: Ich habe dich nicht vergessen. Ich habe dich nicht mehr gefunden.

Trutz: Hast du gesucht?

Vincent: Ja, sehr lange sogar.

Nathanael: (kommt hinzu) Hörst du das auch?

Vincent: Was?

Nathanael: Den Hasen.

Vincent: Ja, siehst du ihn auch?

(zu den anderen) Und Ihr?

(Die anderen sind irritiert und sehen die sprechenden Tiere nicht.)

Nathanael: Klar sehe ich ihn. Er ist rosa.

Vincent: Und seine Augen?

Nathanael: Groß und frech.

Vincent: Du siehst ihn. War mein Kuscheltier.

Nathanael: Meins auch. Nicht koscher. Und ich habe ein neues bekommen.

Vincent: Lass mich raten.

Nathanael und Vincent: Ein Schaf. Linus.

(Nathanael und Vincent lachen.)

(Trutz auch als Schaf, beide Tiere murmeln intensiv miteinander.)

Nathanael: Hörst du das auch?

Vincent: Ja, ich sehe es sogar. Genau neben dem Hasen.

Nathanael: Sie diskutieren.

Vincent: Worüber?

Nathanael: Ich kann es nicht verstehen.

Vincent: Dann geh doch näher heran. Warte, ich komme mit.

(Nathanael und Vincent hören genau zu.)

Vincent: Streiten die?

Nathanael: Nein, sie lachen.

Vincent: Das kann ich nicht hören.

Nathanael: Sie wollen nicht unhöflich erscheinen.

(Hase und Schaf verschwinden; Nathanael und Vincent sind enttäuscht.)

Gero: (zu Kenan) Dann gib mir diese Schokolade.

Kenan: Du wolltest ja keine.

Gero: Gib sie mir. Ich könnte schäumen.

Nathan: Apropos schäumen. Ich sollte jetzt das Paket holen, Ihr erinnert euch doch noch, oder? Der Bottich ist ja noch da.

(Holt das Paket und öffnet es, startet die Maschine.)

Es gibt kein Wasser mehr. Jedenfalls hier drinnen nicht. Aber Schaum ist genug da.

(Nathan füllt Mengen von Schaum hinein; Gero, Kenan und Trutz stehen nebeneinander, Nathanael, Vincent und Lea etwas entfernt.)

(Nathan zerrt einen nach dem anderen zu dem Schaum und wirft diesen hinein oder benetzt sie. Gero und Kenan wehren sich.)

Nathan: (geht auf Lea zu) Das ist doch wie Burlesque. Los, amüsiere uns.

Nathan: (stellt sich vor Nathanael) Was ist mit dir? Nathanael Nachname.

(Nathan wie allein, am Rande stehen alle anderen; Nathan rutscht im Schaum immer wieder aus.)

Ich wollte doch noch die Geschichte von dem Knopf erzählen.

Gero: Ja, der irgendwann nur noch an dem seidenen Faden hing.

Kenan: Nun erzähl schon von dem Knopf. Und dann lass uns endlich feiern. Der macht mich rasend.

Trutz: Bleib ruhig. Fang an.

Nathan: Also das war ein großer Knopf. Aus Perlmutt. Mit seinem feinen Schimmer ließ er festliche Garderobe noch mehr erstrahlen. Dabei verband er genauso gut wie ein Holzknopf. Er leuchtete, wenn das Sonnenlicht darauf schien. Im Dunkeln verlor er diese Kraft…nicht.

Kenan: Was hast du gegen Nathanael?

Nathan: Hast du nicht zugehört? Nichts. Gar nichts. Ich habe von mir erzählt. Ich wurde verbannt, weil ich nicht orthodox genug war. Klar gibt es Regeln. Wollte so sein wie er. Modern und inspirierend.

Nathanael: Modern bin ich nicht. Ist das modern, uns alle durch den Schaum zu ziehen?

Nathan: Der Neid hat mich eingeholt. Ich wollte hierher. Genauso wie er im Verborgenen leben.

Lea: Komm an meine Brust. Ich kann dich trösten.

Vincent: Moment mal. Wenn ich Busen hätte, würde es jetzt beben.

Nathanael: Du hast keinen.

Vincent: Der will hier nicht bleiben, er will hier heraus. Zurück in seine Gemeinde, aus der er vertrieben wurde.

(zu Lea) Und Sie. Gehen Sie doch zurück zum Theater und spielen nicht hier die Interessierte. Das ist ja hier kein Schauspiel.

Lea: Es tut mir leid. Ich war mir so sicher, dass hier etwas nicht stimmt. Diese aufgeschwemmte Staumauer über uns und Mietgesuche mit Preisen ganz unten. Ich dachte, du kannst mir helfen und mich aufklären.

Nathan: Das einzige, was wir hier aufklären sollten ist, warum es immer nur regnet. Und wie wir Nathanael zurückbringen können.

Trutz: Es ist Purim, Nathanael will es so.

Gero: Wie war es letztes Jahr? Ist es da auch so ausgegangen?

Nathan: Das wüsste ich auch gerne. Ich wurde ja nicht eingeladen.

Kenan: Im letzten Jahr konnten wir kein Ende finden.

Nathanael: Die Pakete müssen noch fest verschlossen werden, bevor das Wasser kommt. Hol doch mal den Tacker raus.

Vincent: Ich tacker nicht, tacker du.

Trutz: (zu Vincent) Lässt du ihn im Stich?

Nathanael: Nein. Los!

(Musikeinsatz, Filmeinsatz)

(Purim wird nun endlich und kraftvoll gefeiert.)

(Gero, Kenan, Trutz und Nathan präsentieren ihre herausragenden Kunststücke, Lea, Vincent und Nathanael binden sich mit ein, wie in einem Zirkus.)

(Tische werden umgestoßen, die Schauspieler kämpfen oder zeigen expressiven Umgang, die Bühne muss sich ins Chaos verwandeln.)

(Licht aus)

(Musikeinsatz endet)

14. Beginn am Ende

(Nathanael allein in einer Ecke.)

Gero: Das ist hier das Objekt, völlig schallisoliert und ganz ruhig. Hier hört Sie keiner.

Nathan: Das ist gut, ich wohne jetzt in Manhattan und es nervt. Wohnt hier einer?

Gero: Der ist vertrieben. Ich meine, der wird bald ausziehen.

Nathan: Was ist dahinter? Geht es da noch weiter?

Gero: Da ist nichts. Wollen Sie nun diese Wohnung? Dieses Loft? Es ist begehrt.

(Nathan entdeckt plötzlich Kenan, Trutz und Vincent, die wie Kuscheltiere winken.)

Nathan: Ich habe gehört, es regnet hier ab und an.

Kenan: Hier hat es noch nie geregnet. Keinen einzigen Tag.

(Fokus auf Nathanael, dann Licht langsam aus.)

(Musikeinsatz)

(Licht an)

(Verbeugung)

(Musikeinsatz endet)

.

Die gefallen mir. Was ist hinter den Fenstern, gibt es da noch mehr?

Was kleine Tropfen so auslösen können, welche Wirkung auf einmal entsteht und was für Wellen sie schlagen.

Abgebildete Schauspieler:
Rückseite - Armin Schiller, Nikolai Hepp,
Simon David Altmann